학습 체크인 | DATE

ひらがな 1
히라가나 1

히라가나 あ행, か행, さ행, た행의 쓰는 법과 발음을 마스터한다.

 あ행의 쓰는 법과 발음
 か행의 쓰는 법과 발음
 さ행의 쓰는 법과 발음
 た행의 쓰는 법과 발음

체크리스트

STEP 1 신나자! 일본어 준비물 체크하기

 히라가나 あ행~た행 한눈에 보기

단 행	あ단 [ㅏ]	い단 [ㅣ]	う단 [ㅡ/ㅜ]	え단 [ㅔ]	お단 [ㅗ]
あ행 [ㅇ]	あ [아]	い [이]	う [우]	え [에]	お [오]
か행 [ㅋ]	か [카]	き [키]	く [쿠]	け [케]	こ [코]
さ행 [ㅅ]	さ [사]	し [시]	す [스]	せ [세]	そ [소]
た행 [ㅌ/ㅊ]	た [타]	ち [치]	つ [츠]	て [테]	と [토]

STEP 2  일본어 여행하기

 정답 개수 ☐ / 15

1 각 문자의 발음에 해당하는 것을 A와 B 중에서 하나 고르세요.

① お　　　　A [아]　　B [오]

② き　　　　A [키]　　B [사]

③ せ　　　　A [세]　　B [타]

④ て　　　　A [쿠]　　B [테]

2 다음 발음에 해당하는 문자를 연결해 보세요.

① [에]　•　　　　　•　A　し

② [코]　•　　　　　•　B　こ

③ [시]　•　　　　　•　C　つ

④ [츠]　•　　　　　•　D　え

3 다음 빈칸에 알맞은 문자를 채워 보세요.

	あ단	い단	う단	え단	お단
あ행	あ	い	①	え	お
か행	②	き	く	け	こ
さ행	さ	し	す	せ	③
た행	た	④	つ	て	と

4 빈칸에 들어갈 알맞은 문자를 써 보세요.

① 사랑　　[아]　　い

② 연못　　い　　[케]

③ 아래　　[시]　　た

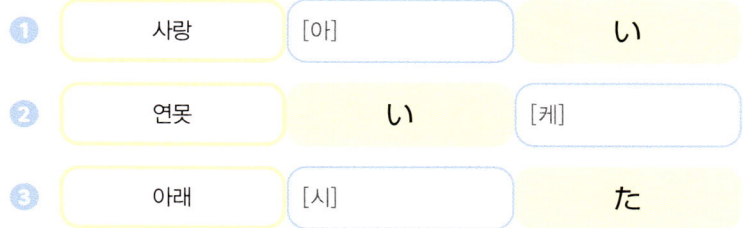

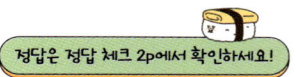
정답은 정답 체크 2p에서 확인하세요!

학습 체크인 | DATE

Day 02
ひらがな 2
히라가나 2

히라가나 な행, は행, ま행, や행의 쓰는 법과 발음을 마스터한다.

 な행의 쓰는 법과 발음
 は행의 쓰는 법과 발음
 ま행의 쓰는 법과 발음
 や행의 쓰는 법과 발음

STEP 1 · 일본어 준비물 체크하기

히라가나 な행~や행 한눈에 보기

행 \ 단	あ단 [ㅏ]	い단 [ㅣ]	う단 [ㅡ/ㅜ]	え단 [ㅔ]	お단 [ㅗ]
な행 [ㄴ]	な [나]	に [니]	ぬ [누]	ね [네]	の [노]
は행 [ㅎ]	は [하]	ひ [히]	ふ [후]	へ [헤]	ほ [호]
ま행 [ㅁ]	ま [마]	み [미]	む [무]	め [메]	も [모]
や행 [ㅇ]	や [야]		ゆ [유]		よ [요]

✓ 체크리스트 な행

'나, 니, 누, 네, 노'와 발음이 비슷합니다. 「ぬ」는 '느'와 '누'의 중간 발음으로 입술을 완전히 내밀지 않도록 발음합니다.

な	に	ぬ	ね	の
[나]	[니]	[누]	[네]	[노]

따라써보기

な	に	ぬ	ね	の

			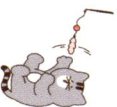	
なか 안, 속	**に**く 고기	い**ぬ** 개	**ね**こ 고양이	き**の**こ 버섯
[나카]	[니쿠]	[이누]	[네코]	[키노코]

✓ 체크리스트 は행

'하, 히, 후, 헤, 호'와 발음이 비슷합니다. 「ふ」는 입술을 완전히 내밀지 않고 살짝 바람만 내는 정도로 발음합니다.

は	ひ	ふ	へ	ほ
[하]	[히]	[후]	[헤]	[호]

따라써보기

は	ひ	ふ	へ	ほ

はは 어머니	**ひ** 해, 날	**ふ**く 옷	**へ**そ 배꼽	**ほ**し 별
[하하]	[히]	[후쿠]	[헤소]	[호시]

☐ 체크리스트 **ま행** '마, 미, 무, 메, 모'와 발음이 비슷합니다. 「む」는 '므'와 '무'의 중간 발음이라고 생각하면서 발음합니다.

ま	み	む	め	も
[마]	[미]	[무]	[메]	[모]

따라써보기

ま	み	む	め	も

うま 말	みみ 귀	むし 벌레	め 눈	もも 복숭아
[우마]	[미미]	[무시]	[메]	[모모]

☐ 체크리스트 **や행** や행은 세 글자만 있습니다. '야, 유, 요'와 발음이 비슷합니다.

や		ゆ		よ
[야]		[유]		[요]

따라써보기

や		ゆ		よ

やさい 채소		ゆき 눈		よあけ 새벽
[야사이]		[유키]		[요아케]

STEP 2  일본어 여행하기   정답 개수 [ ] / 15

1 각 문자의 발음에 해당하는 것을 A와 B 중에서 하나 고르세요.

① ね   A [누]   B [네]

② は   A [호]   B [하]

③ も   A [마]   B [모]

④ ゆ   A [유]   B [무]

2 다음 발음에 해당하는 문자를 연결해 보세요.

① [니] •   • A め

② [후] •   • B に

③ [메] •   • C よ

④ [요] •   • D ふ

3 다음 빈칸에 알맞은 문자를 채워 보세요.

	あ단	い단	う단	え단	お단
な행	な	に	ぬ	ね	①
は행	は	②	ふ	へ	ほ
ま행	ま	み	③	め	も
や행	④		ゆ		よ

4 빈칸에 들어갈 알맞은 문자를 써 보세요.

① 개 | い | [누]

② 배꼽 | [헤] | そ

③ 말 | う | [마]

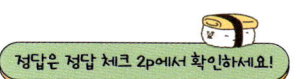

학습 체크인 | DATE

ひらがな 3
히라가나 3

히라가나 ら행, わ행, ん의 쓰는 법과 발음을 마스터한다.

 ら행의 쓰는 법과 발음
 わ행의 쓰는 법과 발음
 ん의 쓰는 법과 발음
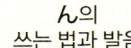 오십음도 전체 복습하기

Day 03

STEP 1 — 진짜진짜 일본어 준비물 체크하기

 히라가나 ら행~わ행, ん 한눈에 보기

단 행	あ단 [ㅏ]	い단 [ㅣ]	う단 [ㅡ/ㅜ]	え단 [ㅔ]	お단 [ㅗ]
ら행 [ㄹ]	ら [라]	り [리]	る [루]	れ [레]	ろ [로]
わ행 [ㅇ]	わ [와]				を [오]
ん [ㄴ/ㅁ/ㅇ]	ん [응]				

1

ら행

'라, 리, 루, 레, 로'와 발음이 비슷합니다. 혀를 너무 굴리지 말고 튕기듯이 발음합니다.

ら	り	る	れ	ろ
[라]	[리]	[루]	[레]	[로]

따라써보기

ら	り	る	れ	ろ

さら 그릇	もり 숲	よる 밤	はれ 맑음	くろ 검정
[사라]	[모리]	[요루]	[하레]	[쿠로]

わ행

わ행은 두 글자만 있습니다. '와, 오'와 발음이 비슷합니다. 「を」는 あ행의 「お」와 발음이 같지만 조사로만 쓰인다는 특징이 있습니다.

わ				を
[와]				[오]

따라써보기

わ				を

わたし 나				を ~을/를
[와타시]				[오]

체크리스트

ん 우리말 받침 'ㄴ, ㅁ, ㅇ' 등의 발음과 비슷합니다. 단독으로는 쓰이지 않으며 다른 글자 뒤에 붙어 받침의 역할을 합니다.

ん
[응]

따라써보기

ん

にほん 일본
[니홍]

체크리스트 오십음도 전체 복습하기

행\단	あ단	い단	う단	え단	お단
あ행	[아](あ)	[이]( )	[우]( )	[에]( )	[오]( )
か행	[카]( )	[키]( )	[쿠]( )	[케]( )	[코]( )
さ행	[사]( )	[시]( )	[스]( )	[세]( )	[소]( )
た행	[타]( )	[치]( )	[츠]( )	[테]( )	[토]( )
な행	[나]( )	[니]( )	[누]( )	[네]( )	[노]( )
は행	[하]( )	[히]( )	[후]( )	[헤]( )	[호]( )
ま행	[마]( )	[미]( )	[무]( )	[메]( )	[모]( )
や행	[야]( )		[유]( )		[요]( )
ら행	[라]( )	[리]( )	[루]( )	[레]( )	[로]( )
わ행	[와]( )				[오]( )
ん	[응]( )				

체크리스트 확인 완료!

STEP 2 진짜자 일본어 여행하기

정답 개수 ☐ / 15

1 각 문자의 발음에 해당하는 것을 A와 B 중에서 하나 고르세요.

① り   A [리]   B [레]

② る   A [루]   B [로]

③ わ   A [레]   B [와]

④ を   A [오]   B [응]

2 다음 발음에 해당하는 문자를 연결해 보세요.

① [루] •　　　　　　　• A わ

② [레] •　　　　　　　• B ろ

③ [로] •　　　　　　　• C れ

④ [와] •　　　　　　　• D る

3 다음 빈칸에 알맞은 문자를 채워 보세요.

	あ단	い단	う단	え단	お단
ら행	①	り	②	れ	ろ
わ행	わ				③
ん	ん				

4 비슷한 문자와 비교하면서 다음 빈칸에 알맞은 히라가나를 써 보세요.

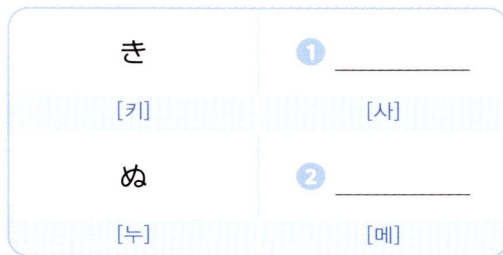

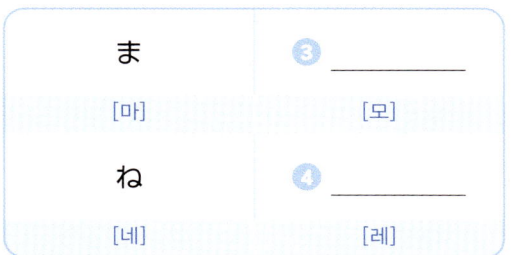

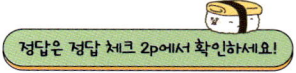

Day 04

カタカナ 1
가타카나 1

가타카나 ア행, カ행, サ행, タ행의 쓰는 법과 발음을 마스터한다.

 ア행의 쓰는 법과 발음
 カ행의 쓰는 법과 발음
 サ행의 쓰는 법과 발음
 タ행의 쓰는 법과 발음

STEP 1 · 진짜 일본어 준비물 체크하기

✈ 가타카나 ア행~タ행 한눈에 보기

단 행	ア단 [ㅏ]	イ단 [ㅣ]	ウ단 [ㅡ/ㅜ]	エ단 [ㅔ]	オ단 [ㅗ]
ア행 [ㅇ]	ア [아]	イ [이]	ウ [우]	エ [에]	オ [오]
カ행 [ㅋ]	カ [카]	キ [키]	ク [쿠]	ケ [케]	コ [코]
サ행 [ㅅ]	サ [사]	シ [시]	ス [스]	セ [세]	ソ [소]
タ행 [ㅌ/ㅊ]	タ [타]	チ [치]	ツ [츠]	テ [테]	ト [토]

STEP 2 일본어 여행하기

정답 개수 ☐ / 15

1 다음 히라가나와 발음이 같은 가타카나를 연결해 보세요.

① い •　　　　　　• A イ

② か •　　　　　　• B ト

③ せ •　　　　　　• C セ

④ と •　　　　　　• D カ

2 다음 히라가나를 가타카나로 바르게 표기한 것을 고르세요.

① たい　　태국　　　A タイ　　B クイ

② てすと　테스트, 시험　A キシト　B テスト

③ つあー　투어, 여행　A ツアー　B シオー

3 다음 빈칸에 알맞은 문자를 채워 보세요.

	ア단	イ단	ウ단	エ단	オ단
ア행	ア	イ	ウ	エ	オ
カ행	カ	キ	ク	ケ	①
サ행	サ	シ	②	セ	ソ
タ행	③	チ	④	テ	ト

4 빈칸에 들어갈 알맞은 문자를 써 보세요.

① 케이크　[케]　ー　[키]

② 소스　　[소]　ー　[스]

③ 치킨　　[치]　[키]　ン

④ 얼음　　[아]　[이]　[스]

학습 체크인 | DATE

カタカナ 2
가타카나 2

가타카나 ナ행, ハ행, マ행, ヤ행의 쓰는 법과 발음을 마스터한다.

체크리스트

- ナ행의 쓰는 법과 발음
- ハ행의 쓰는 법과 발음
- マ행의 쓰는 법과 발음
- ヤ행의 쓰는 법과 발음

STEP 1 진짜 일본어 준비물 체크하기

✈ 가타카나 ナ행~ヤ행 한눈에 보기

전체음원

단 행	ア단 [ㅏ]	イ단 [ㅣ]	ウ단 [ㅡ/ㅜ]	エ단 [ㅔ]	オ단 [ㅗ]
ナ행 [ㄴ]	ナ [나]	ニ [니]	ヌ [누]	ネ [네]	ノ [노]
ハ행 [ㅎ]	ハ [하]	ヒ [히]	フ [후]	ヘ [헤]	ホ [호]
マ행 [ㅁ]	マ [마]	ミ [미]	ム [무]	メ [메]	モ [모]
ヤ행 [ㅇ]	ヤ [야]		ユ [유]		ヨ [요]

ナ행

'나, 니, 누, 네, 노'와 발음이 비슷합니다. 「ヌ」는 '느'와 '누'의 중간 발음으로 입술을 완전히 내밀지 않도록 발음합니다.

ナ	ニ	ヌ	ネ	ノ
[나]	[니]	[누]	[네]	[노]

따라써보기

バナナ	コンビニ	ヌードル	ネクタイ	ノート
바나나	편의점	국수	넥타이	노트
[바나나]	[콤비니]	[누-도루]	[네쿠타이]	[노-토]

ハ행

'하, 히, 후, 헤, 호'와 발음이 비슷합니다. 「フ」는 입술을 완전히 내밀지 않고 살짝 바람만 내는 정도로 발음합니다.

ハ	ヒ	フ	ヘ	ホ
[하]	[히]	[후]	[헤]	[호]

따라써보기

ハム	ヒーター	フライドポテト	ヘア	ホテル
햄	히터	감자튀김	헤어	호텔
[하무]	[히-타-]	[후라이도포테토]	[헤아]	[호테루]

 **マ행** '마, 미, 무, 메, 모'와 발음이 비슷합니다. 「ム」는 '므'와 '무'의 중간 발음이라고 생각하면서 발음합니다.

	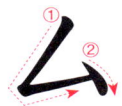		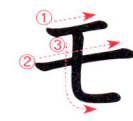	
[마]	[미]	[무]	[메]	[모]

따라써보기

マ	ミ	ム	メ	モ

マスク 마스크 [마스쿠]	ミルク 밀크 [미루쿠]	ガム 껌 [가무]	メール 메일, 문자 [메-루]	モニター 모니터 [모니타-]

 **ヤ행** ヤ행은 세 글자만 있습니다. '야, 유, 요'와 발음이 비슷합니다.

ヤ		ユ		ヨ
[야]		[유]		[요]

따라써보기

ヤ		ユ		ヨ

イヤホン 이어폰 [이야홍]		ユーモア 유머 [유-모아]		ヨーグルト 요구르트 [요-구루토]

STEP 2 일본어 여행하기

정답 개수 ☐ / 15

1 다음 히라가나와 발음이 같은 가타카나를 연결해 보세요.

① め •　　　　　　　• A ミ
② は •　　　　　　　• B ハ
③ み •　　　　　　　• C ヤ
④ や •　　　　　　　• D メ

2 다음 히라가나를 가타카나로 바르게 표기한 것을 고르세요.

① めも　메모　　A ヌモ　　B メモ
② みるく　밀크, 우유　　A ミレタ　　B ミルク
③ かぬー　카누　　A カヌー　　B カネー

3 다음 빈칸에 알맞은 문자를 채워 보세요.

	ア단	イ단	ウ단	エ단	オ단
ナ행	ナ	①	ヌ	ネ	ノ
ハ행	ハ	ヒ	②	ヘ	ホ
マ행	マ	ミ	ム	メ	③
ヤ행	ヤ		④		ヨ

4 빈칸에 들어갈 알맞은 문자를 써 보세요.

① 호텔　[호]　テ　[루]
② 모니터　[모]　[니]　タ　ー
③ 이어폰　イ　[야]　[호]　ン
④ 바나나　バ　[나]　[나]

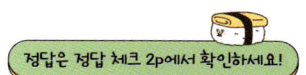

Day 06

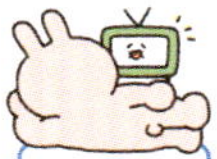

カタカナ 3
가타카나 3

가타카나 ラ행, ワ행, ン의 쓰는 법과 발음을 마스터한다.

- ラ행의 쓰는 법과 발음
- ワ행의 쓰는 법과 발음
- ン의 쓰는 법과 발음
- 오십음도 전체 복습하기

STEP 1 — 진짜 일본어 준비물 체크하기

✈ 가타카나 ラ행~ワ행, ン 한눈에 보기

행 \ 단	ア단 [ㅏ]	イ단 [ㅣ]	ウ단 [ㅡ/ㅜ]	エ단 [ㅔ]	オ단 [ㅗ]
ラ행 [ㄹ]	ラ [라]	リ [리]	ル [루]	レ [레]	ロ [로]
ワ행 [ㅇ]	ワ [와]				ヲ [오]
ン [ㄴ/ㅁ/ㅇ]	ン [응]				

체크리스트 ン

우리말 받침 'ㄴ, ㅁ, ㅇ' 등의 발음과 비슷합니다. 단독으로는 쓰이지 않으며 다른 글자 뒤에 붙어 받침의 역할을 합니다.

따라써 보기

ン [응]

パン 빵 [팡]

체크리스트 오십음도 전체 복습하기

행 \ 단	ア단	イ단	ウ단	エ단	オ단
ア행	[아](ア)	[이]( )	[우]( )	[에]( )	[오]( )
カ행	[카]( )	[키]( )	[쿠]( )	[케]( )	[코]( )
サ행	[사]( )	[시]( )	[스]( )	[세]( )	[소]( )
タ행	[타]( )	[치]( )	[츠]( )	[테]( )	[토]( )
ナ행	[나]( )	[니]( )	[누]( )	[네]( )	[노]( )
ハ행	[하]( )	[히]( )	[후]( )	[헤]( )	[호]( )
マ행	[마]( )	[미]( )	[무]( )	[메]( )	[모]( )
ヤ행	[야]( )		[유]( )		[요]( )
ラ행	[라]( )	[리]( )	[루]( )	[레]( )	[로]( )
ワ행	[와]( )				[오]( )
ン	[응]( )				

체크리스트 확인 완료!

STEP 2 일본어 여행하기

정답 개수 ☐ / 15

1 다음 히라가나와 발음이 같은 가타카나를 연결해 보세요.

① ら •   • A リ
② り •   • B ヲ
③ わ •   • C ラ
④ を •   • D ワ

2 다음 히라가나를 가타카나로 바르게 표기한 것을 고르세요.

① からおけ 가라오케   A カラオケ   B カワオケ
② ふるーつ 후르츠, 과일 A フレーツ   B フルーツ
③ たわー   타워   A タウー   B タワー
④ わいん   와인   A ワイン   B ウイソ

3 빈칸에 들어갈 알맞은 문자를 써 보세요.

① 규칙   [루]   ー   [루]
② 리본   [리]   ボ   [ㅇ]
③ 레스토랑 [레]   ス   ト [라]   [ㅇ]

4 비슷한 문자와 비교하면서 다음 빈칸에 알맞은 가타카나를 써 보세요

| シ [시] | ① _____ [츠] |
| チ [치] | ② _____ [테] |

| ク [쿠] | ③ _____ [타] |
| ソ [소] | ④ _____ [응] |

정답은 정답 체크 2p에서 확인하세요!

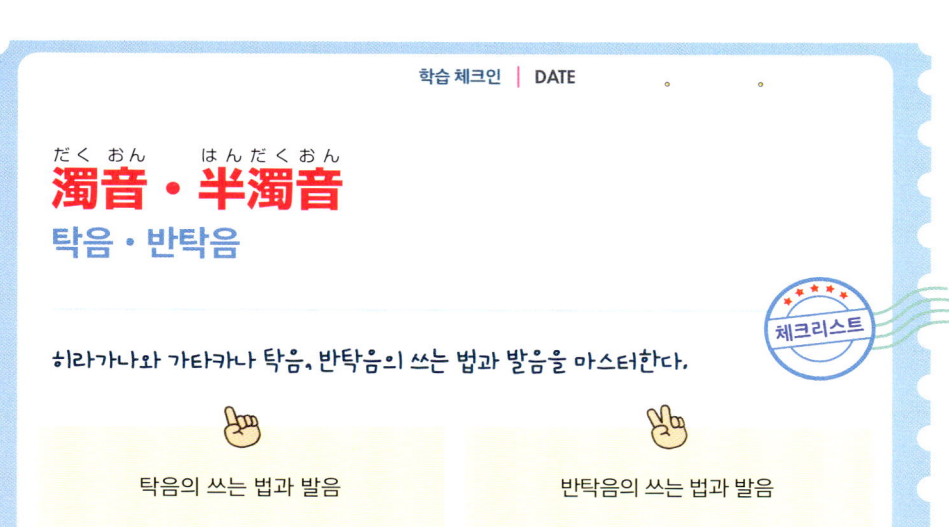

Day 07

濁音・半濁音 (탁음・반탁음)

히라가나와 가타카나 탁음, 반탁음의 쓰는 법과 발음을 마스터한다.

- 탁음의 쓰는 법과 발음
- 반탁음의 쓰는 법과 발음

STEP 1 진짜자 일본어 준비물 체크하기

✈ 탁음·반탁음 한눈에 보기

탁음「゛」은 글자의 오른쪽 위에 비스듬히 짧게 쓰며, か・さ・た・は행에 사용됩니다. 반탁음「゜」도 오른쪽 위에 작게 쓰며, は행에서만 사용됩니다.

단 행	あ・ア단 [ㅏ]	い・イ단 [ㅣ]	う・ウ단 [ㅡ/ㅜ]	え・エ단 [ㅔ]	お・オ단 [ㅗ]
が・ガ행 [ㄱ]	が・ガ [가]	ぎ・ギ [기]	ぐ・グ [구]	げ・ゲ [게]	ご・ゴ [고]
ざ・ザ행 [ㅈ]	ざ・ザ [자]	じ・ジ [지]	ず・ズ [즈]	ぜ・ゼ [제]	ぞ・ゾ [조]
だ・ダ행 [ㄷ/ㅈ]	だ・ダ [다]	ぢ・ヂ [지]	づ・ヅ [즈]	で・デ [데]	ど・ド [도]
ば・バ행 [ㅂ]	ば・バ [바]	び・ビ [비]	ぶ・ブ [부]	べ・ベ [베]	ぼ・ボ [보]
ぱ・パ행 [ㅍ]	ぱ・パ [파]	ぴ・ピ [피]	ぷ・プ [푸]	ぺ・ペ [페]	ぽ・ポ [포]

탁음 が・ガ행

'가, 기, 구, 게, 고'와 발음이 비슷하지만 좀 더 목이 울리도록 발음합니다.

が・ガ [가]	ぎ・ギ [기]	ぐ・グ [구]	げ・ゲ [게]	ご・ゴ [고]
めがね 안경 [메가네]	かぎ 열쇠 [카기]	かぐ 가구 [카구]	かげ 그림자 [카게]	たまご 달걀 [타마고]
ガーデン 가든 [가-덴]	ギター 기타 [기타-]	グループ 그룹 [구루-푸]	ゲーム 게임 [게-무]	ゴール 골 [고-루]

탁음 ざ・ザ행

'자, 지, 즈, 제, 조'와 발음이 비슷하며, [z] 음과 같이 발음합니다.

ざ・ザ [자]	じ・ジ [지]	ず・ズ [즈]	ぜ・ゼ [제]	ぞ・ゾ [조]
ひざ 무릎 [히자]	じ 글자 [지]	ゆず 유자 [유즈]	かぜ 바람 [카제]	かぞく 가족 [카조쿠]
ピザ 피자 [피자]	アジア 아시아 [아지아]	サイズ 사이즈 [사이즈]	ゼリー 젤리 [제리-]	ゾンビ 좀비 [좀비]

탁음 だ・ダ행

'다, 지, 즈, 데, 도'와 발음이 비슷하며, 가타카나「ヂ・ヅ」는 거의 쓰이지 않고, 그 대신 발음이 비슷한「ジ・ズ」가 자주 쓰입니다.

だ・ダ [다]	ぢ・ヂ [지]	づ・ヅ [즈]	で・デ [데]	ど・ド [도]
だいどころ 부엌 [다이도코로]	はなぢ 코피 [하나지]	こづつみ 소포 [코즈츠미]	そで 소매 [소데]	どうぐ 도구 [도-구]
ダンス 댄스 [단스]			デザート 디저트 [데자-토]	ドラマ 드라마 [도라마]

 **체크리스트 탁음 ば・バ행** '바, 비, 부, 베, 보'와 발음이 비슷합니다. 좀 더 목이 울리도록 발음합니다.

ば・バ	び・ビ	ぶ・ブ	べ・ベ	ぼ・ボ
[바]	[비]	[부]	[베]	[보]
そば 메밀국수 [소바]	えび 새우 [에비]	ぶた 돼지 [부타]	かべ 벽 [카베]	ぼうし 모자 [보-시]
バス 버스 [바스]	ビール 맥주 [비-루]	ブーツ 부츠 [부-츠]	ベッド 침대 [벧도]	ボール 공 [보-루]

 **체크리스트 반탁음 ぱ・パ행** '파, 피, 푸, 페, 포'와 발음이 비슷합니다. 반탁음은 ぱ・パ행밖에 없습니다.

ぱ・パ	ぴ・ピ	ぷ・プ	ぺ・ペ	ぽ・ポ
[파]	[피]	[푸]	[페]	[포]
かんぱい 건배 [캄파이]	ぴかぴか 반짝반짝 [피카피카]	きっぷ 표 [킵푸]	ぺらぺら 술술 [페라페라]	さんぽ 산책 [삼포]
パソコン 컴퓨터 [파소콩]	ピアノ 피아노 [피아노]	コップ 컵 [콥푸]	ペット 애완동물 [펟토]	ポスター 포스터 [포스타-]

STEP 2 일본어 여행하기 정답 개수 ☐ / 15

1 다음 보기와 같이 히라가나 가타카나에 해당하는 탁음을 써 보세요. [5점]

보기 か カ	き キ	く ク	け ケ	こ コ
が ガ				
さ サ	し シ	す ス	せ セ	そ ソ
た タ	ち チ	つ ツ	て テ	と ト
は ハ	ひ ヒ	ふ フ	へ ヘ	ほ ホ

2 아래 칸 안에서 히라가나 반탁음을 모두 찾아 ○로 표시해 보세요. [5점]

ふ	ぱ	ぽ
ぴ	ほ	ぺ
ぷ	び	ぶ
ば	へ	ひ

3 같은 소리가 나는 히라가나와 가타카나를 연결해 보세요.

① だ ・   ・ A ポ

② ど ・   ・ B ゾ

③ ぞ ・   ・ C ド

④ び ・   ・ D ビ

⑤ ぽ ・   ・ E ダ

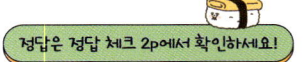
정답은 정답 체크 2p에서 확인하세요!

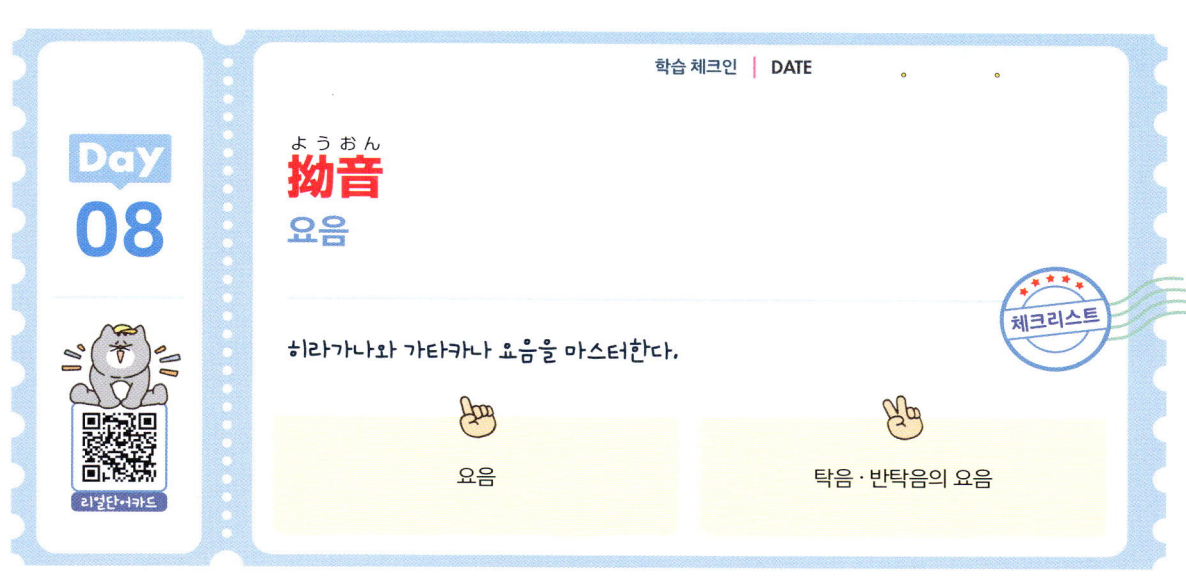

STEP 1 진짜 일본어 준비물 체크하기

요음의 특징을 익히고 발음해 봅시다.

☑ 체크리스트 요음

い단의 오른쪽 아래에 「や・ゆ・よ」 혹은 「ヤ・ユ・ヨ」를 작게 써서 표기하고, 두 글자를 한 박자로 발음합니다.

い단 + ゃ	い단 + ゅ	い단 + ょ
きゃ キャ [캬]	きゅ キュ [큐]	きょ キョ [쿄]
しゃ シャ [샤]	しゅ シュ [슈]	しょ ショ [쇼]
ちゃ チャ [챠]	ちゅ チュ [츄]	ちょ チョ [쵸]
にゃ ニャ [냐]	にゅ ニュ [뉴]	にょ ニョ [뇨]
ひゃ ヒャ [햐]	ひゅ ヒュ [휴]	ひょ ヒョ [효]
みゃ ミャ [먀]	みゅ ミュ [뮤]	みょ ミョ [묘]
りゃ リャ [랴]	りゅ リュ [류]	りょ リョ [료]

1

📑 다음 요음이 들어 간 단어를 읽어 보세요.

キャベツ	[캬베츠] 양배추	しゃしん	[샤싱] 사진
ショー	[쇼-] 쇼	ユーチューブ	[유-츄-부] 유튜브
おちゃ	[오챠] 차	チョコレート	[쵸코레-토] 초콜릿
ニュース	[뉴-스] 뉴스	ひゃく	[햐쿠] 백(100)
ミュージアム	[뮤-지아무] 뮤지엄	りょかん	[료캉] 여관

 **체크리스트** **탁음·반탁음의 요음**

탁음·반탁음의 요음도 오른쪽 아래에 「や・ゆ・よ」 혹은 「ヤ・ユ・ヨ」를 작게 써서 한 글자처럼 한 박자로 발음합니다. 현대 일본어에서 「ぢゃ・ヂャ, ぢゅ・ヂュ, ぢょ・ヂョ」는 잘 사용하지 않습니다.

い단 + ゃ	い단 + ゅ	い단 + ょ
ぎゃ ギャ [갸]	ぎゅ ギュ [규]	ぎょ ギョ [교]
じゃ ジャ [쟈]	じゅ ジュ [쥬]	じょ ジョ [죠]
ぢゃ ヂャ [쟈]	ぢゅ ヂュ [쥬]	ぢょ ヂョ [죠]
びゃ ビャ [뱌]	びゅ ビュ [뷰]	びょ ビョ [뵤]
ぴゃ ピャ [퍄]	ぴゅ ピュ [퓨]	ぴょ ピョ [표]

📑 다음 요음이 들어 간 단어를 읽어 보세요.

にんぎょう	[닝교-] 인형	ジャズ	[쟈즈] 재즈
さんびゃく	[삼뱌쿠] 삼백(300)	びょういん	[뵤-잉] 병원
ろっぴゃく	[롭퍄쿠] 육백(600)	じゅう	[쥬-] 십(10)

외래어를 가타카나로 작성할 때, 가타카나 오른쪽 아래에 「ア・イ・ウ・エ・オ」를 작게 표기하기도 합니다. 외래어를 발음하기 위한 이중모음으로 참고로만 알아 둡시다.

あ단	い단	う단	え단	お단
			イェ [예]	
	ウィ [위]		ウェ [웨]	ウォ [워]
ヴァ [바]	ヴィ [비]	ヴ [부]	ヴェ [베]	ヴォ [보]
		ヴュ [뷰]		
クァ [콰]	クィ [퀴]		クェ [퀘]	クォ [쿼]
グァ [과]	グィ [귀]		グェ [궤]	グォ [궈]
	スィ [시]		シェ [쉐]	
	ズィ [지]		ジェ [제]	
			チェ [체]	
ツァ [짜]	ツィ [찌]		ツェ [쩨]	ツォ [쪼]
	ティ [티]	トゥ [투]		
		テュ [튜]		
	ディ [디]	ドゥ [두]		
		デュ [듀]		
ファ [화]	フィ [휘]	フュ [휴]	フェ [훼]	フォ [훠]

예 ウェブ [웨부] 웹
ヴィーナス [뷔-나스] 비너스
クォーター [쿼-타-] 쿼터
モーツァルト [모-짜루토] 모차르트
デュエット [듀엣토] 듀엣
フェスティバル [훼스티바루] 페스티벌

ウォン [웡] 원(한국 화폐)
シェフ [쉐후] 셰프
チェリー [췌리-] 체리
ティーシャツ [티-샤츠] 티셔츠
ファミリー [화미리-] 패밀리
フォーク [훠-쿠] 포크

STEP 2  일본어 여행하기

정답 개수 ☐ / 15

1 같은 소리가 나는 히라가나와 가타카나를 연결해 보세요.

① じゃ •　　　　　　　• A　ビャ

② ぎょ •　　　　　　　• B　ピュ

③ ぴゅ •　　　　　　　• C　ジャ

④ びゃ •　　　　　　　• D　ギョ

2 다음 히라가나를 가타카나로 바르게 표기한 것을 고르세요.

① きゃべつ　　양배추　　A　キュベシ　　B　キャベツ

② にゅーす　　뉴스　　　A　ニュース　　B　ニョース

③ じゃず　　　재즈　　　A　ジャズ　　　B　ヅャズ

④ ゆーちゅーぶ　유튜브　A　コーチャーブ　B　ユーチューブ

3 다음 가타카나를 히라가나로 바르게 표기한 것을 고르세요.

① オチャ　　　차　　　　A　おちゃ　　　B　おちゅ

② ビョウイン　병원　　　A　びゃういん　B　びょういん

③ リョカン　　여관　　　A　りゅかん　　B　りょかん

④ シャシン　　사진　　　A　しゃしん　　B　しゅしん

4 다음 보기의 단어에서 요음이 포함되어 있는 단어를 3개 고르세요.

ショー	쇼	イヤホン	이어폰	ヨーグルト	요구르트
よあけ	새벽	ユーモア	유머	チョコレート	초콜릿
やさい	채소	にんぎょう	인형	ゆき	눈

① _____　　② _____　　③ _____

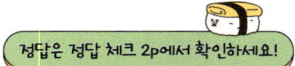
정답은 정답 체크 2p에서 확인하세요!

Day 09

促音・撥音・長音
촉음・발음・장음

촉음, 발음(ん), 장음의 발음을 마스터한다.

- 촉음의 발음
- 발음(ん)의 발음
- 장음의 발음

STEP 1 — 일본어 준비물 체크하기

☑ 촉음

우리말의 받침과 같은 역할을 하며「つ」혹은「ツ」를 작게 써서「っ」,「ッ」와 같이 표기하고, 한 박자로 발음합니다. 바로 뒤에 오는 글자에 따라 소리가 달라집니다.

★ か행 앞에서는 [ㄱ]으로 발음	にっき [닉키] 일기 ǀ がっこう [각코-] 학교 サッカー [삭카-] 축구 ǀ ロック [록쿠] 록
★ さ행 앞에서는 [ㅅ]으로 발음	ざっし [잣시] 잡지 ǀ けっせき [켓세키] 결석 ミッション [밋숀] 미션 ǀ メッセージ [멧세-지] 메시지
★ た행 앞에서는 [ㄷ]으로 발음	どっち [돗치] 어느 쪽 ǀ きって [킷테] 우표 ツイッター [츠잇타-] 트위터 ǀ インターネット [인타-넷토] 인터넷
★ ぱ행 앞에서는 [ㅂ]으로 발음	いっぱい [입파이] 가득 ǀ きっぷ [킵푸] 표 ショッピング [숍핑구] 쇼핑 ǀ ケチャップ [케챱푸] 케첩

 **발음**

우리말의 받침과 같은 역할을 하는 「ん」 혹은 「ン」은 한 박자로 발음하며 바로 뒤에 오는 글자에 따라 소리가 달라집니다.

⭐ さ・ざ・た・だ・な・ら행 앞에서는 [ㄴ]으로 발음	ぎんざ [긴자] 긴자 べんり [벤리] 편리 チャンス [찬스] 찬스 センター [센타-] 센터
⭐ ま・ば・ぱ행 앞에서는 [ㅁ]으로 발음	きんむ [킴무] 근무 さんぽ [삼포] 산책 シャンパン [샴팡] 샴페인 ランプ [람푸] 램프
⭐ か・が행 앞에서는 [ㅇ]으로 발음	かんこく [캉코쿠] 한국 りんご [링고] 사과 インク [잉쿠] 잉크 ハンガー [항가-] 행거
⭐ あ・は・や・わ행 앞, 말 끝에서는 [ㄴ,ㅇ]으로 발음	でんわ [뎅와] 전화 ごはん [고항] 밥 インフラ [잉후라] 인프라 サイン [사잉] 사인

 「ん」은 우리말의 받침 「ㄴ」, 「ㅁ」, 「ㅇ」으로 발음되는데, 위의 표처럼 공식으로 외우기 보다는 많이 듣고 발음해 보는 것이 중요합니다. 특히 「ん」이 あ・は・や・わ행 앞이나 말 끝에 올 경우에는 [ㄴ,ㅇ]으로 소리가 나는데, 이 경우에는 [ㅇ+콧소리]로 발음하면 됩니다.

 **장음**

앞 글자를 길게 끌어서 한 박자로 발음합니다. 음의 장단에 따라 의미가 달라지기 때문에 주의해야 합니다.

⭐ あ단 뒤의 あ는 [아-]로 길게 발음	おばあさん [오바-상] 할머니 おかあさん [오카-상] 어머니
⭐ い단 뒤의 い는 [이-]로 길게 발음	おじいさん [오지-상] 할아버지 おにいさん [오니-상] 형, 오빠
⭐ う단 뒤의 う는 [우-]로 길게 발음	くうき [쿠-키] 공기 りゆう [리유-] 이유
⭐ え단 뒤의 い와 え는 [에-]로 길게 발음	せんせい [센세-] 선생님 おねえさん [오네-상] 누나, 언니
⭐ お단 뒤의 う와 お는 [오-]로 길게 발음	おとうさん [오토-상] 아버지 おおさか [오-사카] 오사카(일본 도시)
⭐ 요음 뒤의 う는 앞 모음과 같이 길게 발음	きょう [쿄-] 오늘 きゅうしゅう [큐-슈-] 규슈(일본 지방)
⭐ 가타카나 뒤의 ー는 앞 모음과 같이 길게 발음	チーズ [치-즈] 치즈 バーガー [바-가-] 버거

장음이 있는지 없는지에 따라 의미가 달라지므로 꼭 신경써서 길게 발음해 주세요.

예) おばさん : おばあさん
　　아주머니　　할머니

　　ビル : ビール
　　빌딩　　맥주

STEP 2  일본어 여행하기

정답 개수 ☐ / 15

1 다음 보기의 단어에서 사용된 촉음과 장음을 찾아 쓰세요.

ざっし	잡지	せんせい	선생님	ジャズ	재즈
ひゃく	백	でんわ	전화	ロック	록
きっぷ	표	おかあさん	어머니	けっせき	결석
ニュース	뉴스	きょう	오늘	しゃしん	사진

촉음 ① _____ ② _____ ③ _____ ④ _____

장음 ⑤ _____ ⑥ _____ ⑦ _____ ⑧ _____

2 다음 문장에서 발음을 찾아 ○로 표시해 보세요.

① にほんの　ラーメンが　すきです。 일본 라면을 좋아합니다.

② ぎんざで　シャンパンを　かいました。 긴자에서 샴페인을 샀습니다.

③ こうえんを　さんぽして　ごはんを　たべました。 공원을 산책하고 밥을 먹었습니다.

3 같은 소리를 내는 촉음끼리 연결해 보세요.

① いっぱい 가득 •   • A　サッカー 축구

② どっち 어느 쪽 •   • B　メッセージ 메시지

③ けっせき 결석 •   • C　きって 우표

④ がっこう 학교 •   • D　きっぷ 표

Day 10

학습 체크인 | DATE

はじめまして。
처음 뵙겠습니다.

인사말 표현을 마스터한다.

체크리스트

 매일 쓰는
인사말 표현 말하기

 만나고 헤어질 때 쓰는
인사말 표현 말하기

 감사와 사과의
인사말 표현 말하기

STEP 1 초지자 **일본어 준비물 체크하기**

일상생활에서 자주 사용하는 인사말 표현을 익히고 때와 상황에 맞게 사용해 봅시다.

체크리스트 매일 쓰는 인사말 표현

📌 **만날 때**

아침	점심	저녁
おはようございます。 안녕하세요.	こんにちは。 안녕하세요.	こんばんは。 안녕하세요.

🔖 헤어질 때

> さようなら。(じゃ、また。)
> 안녕히 가세요. (그럼, 또 보자.)

🔖 잘 때

> おやすみなさい。(おやすみ。)
> 안녕히 주무세요. (잘 자.)

🔖 식사할 때

> いただきます。
> 잘 먹겠습니다.

> ごちそうさまでした。
> 잘 먹었습니다.

🔖 외출하고 귀가할 때

> いってきます。
> 다녀오겠습니다.

> いってらっしゃい。
> 다녀오세요.

> ただいま。
> 다녀왔습니다.

> おかえりなさい。
> 다녀오셨어요?

☐ 체크리스트 　処음 만나거나 오랫동안 헤어질 때 쓰는 인사말

🔖 처음 만났을 때

はじめまして。山田です。
どうぞよろしくおねがいします。
처음 뵙겠습니다. 야마다입니다.
부디 잘 부탁드리겠습니다.

こちらこそよろしくおねがいします。
저야말로 잘 부탁드리겠습니다.

🔖 오랫동안 헤어질 때

お元気で。
잘 지내세요.

☐ 체크리스트 　감사와 사과의 인사를 전할 때

🔖 고마울 때

ありがとうございます。
고맙습니다.

どういたしまして。
천만에요.

🔖 미안할 때

すみません。
죄송합니다.

だいじょうぶです。
괜찮습니다.

STEP 2  일본어 여행하기

정답 개수 ☐ / 10

1 다음 인사에 해당하는 의미를 찾아 연결해 보세요.

① おやすみなさい。 · · A 다녀오겠습니다.

② いただきます。 · · B 잘 먹겠습니다.

③ ごちそうさまでした。 · · C 다녀왔습니다.

④ いってきます。 · · D 잘 먹었습니다.

⑤ ただいま。 · · E 안녕히 주무세요.

2 다음 대화에 알맞은 말을 써 보세요.

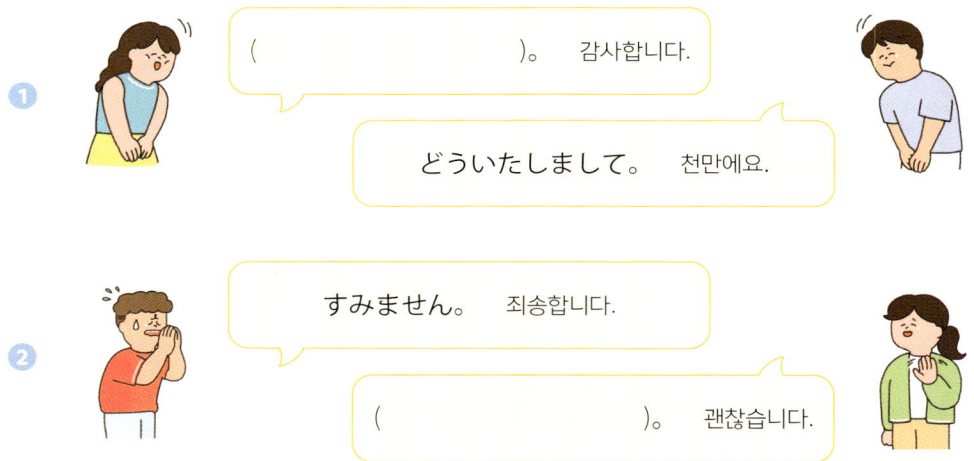

①　(　　　　　　　)。 감사합니다.
　　どういたしまして。 천만에요.

②　すみません。 죄송합니다.
　　(　　　　　　　)。 괜찮습니다.

3 다음 상황에 맞는 인사말을 골라 써 보세요.

보기　おはようございます ｜ お元気で ｜ こんにちは ｜ こんばんは ｜ はじめまして

① 아침에 선생님을 만났을 때　➡ _____。

② 거래처 사람을 처음 소개받았을 때　➡ _____。

③ 오랫동안 헤어질 때　➡ _____。

정답은 정답 체크 3p에서 확인하세요!

Day 11

私は韓国人です。
저는 한국인입니다.

학습 체크인 | DATE

명사문의 현재 긍정 표현과 현재 부정 표현을 마스터한다.

- 명사문 현재 긍정 표현 익히기
- 명사문 현재 부정 표현 익히기
- 자기소개 표현 익히기
- 조사 「の」 용법 익히기

STEP 1 : 일본어 준비물 체크하기

명사문의 현재 긍정 표현과 현재 부정 표현을 익히고 자기소개를 해 봅시다.

~は ~です   ~은/는 ~입니다
명사は + 명사です

명사에 「です(~입니다)」를 접속하면 현재 긍정 표현이 됩니다. 그리고 「は(은/는)」는 조사로 쓰일 때, '하'가 아니라 '와'라고 발음합니다.

私は韓国人です。   저는 한국인입니다.
田中さんは大学生です。   다나카 씨는 대학생입니다.

단어
韓国人 한국인
大学生 대학생

~は ~ではありません   ~은/는 ~이/가 아닙니다
명사は + 명사ではありません

현재 부정 표현은 「です」 대신 「ではありません(~이/가 아닙니다)」을 접속하면 됩니다. 회화 상황에서는 「じゃありません」을 사용할 수 있습니다.

私は日本人ではありません。   저는 일본인이 아닙니다.
鈴木さんは会社員じゃありません。   스즈키 씨는 회사원이 아닙니다.

단어
日本人 일본인
会社員 회사원

 **자기소개**

나라 이름과 직업에 관한 표현을 익히고 국적과 직업을 말해 보세요. 나라 이름에 「人」을 붙이면 '~사람, ~인'이 됩니다.

🔖 국적

韓国	한국	日本	일본	中国	중국
ベトナム	베트남	タイ	태국	アメリカ	미국
カナダ	캐나다	イギリス	영국	ドイツ	독일
フランス	프랑스	スペイン	스페인	ロシア	러시아
インド	인도	ブラジル	브라질	オーストラリア	호주

🔖 직업/신분

中学生	중학생	高校生	고등학생	大学生	대학생
会社員	회사원	デザイナー	디자이너	医者	의사
教師	교사	主婦	주부	エンジニア	엔지니어
ユーチューバー	유튜버				

 **~の~**
명사 + の + 명사

「の」는 명사와 명사를 연결할 때 사용하며 우리말로 해석하지 않습니다. 단, 소유를 나타낼 때는 '~의 (것)'이라는 의미가 됩니다.

私のかばんです。 저의 가방입니다.
傘は山田さんのです。 우산은 야마다 씨의 것입니다.
日本語の本です。 일본어(의) 책입니다.

단어
かばん 가방
傘 우산
本 책

쓰기 읽기 말하기

다음 단어를 사용하여 자기소개 문장을 만들어 봅시다.

처음 뵙겠습니다/저/야마다

はじめまして/私/山田

➡ 처음 뵙겠습니다. 저는 야마다입니다.

✏️ はじめまして。私は山田です。

일본인

日本人

➡ 저는 일본인입니다.

私は日本人です。

잘 부탁드립니다

よろしくおねがいします

➡ 잘 부탁드립니다.

よろしくおねがいします。

정답 개수 ☐ / 15

1 빈칸에 알맞은 가타카나를 넣고 나라 이름을 완성해 보세요.

① 베트남   ☐ トナム
② 호주   オースト ☐ リア
③ 브라질   ブラ ☐ ル
④ 스페인   スペイ ☐
⑤ 프랑스   ☐ ランス

2 다음 단어의 읽는 법을 고르고, 밑줄에 뜻을 써 보세요.

① 会社員   A かいしゃいん   B がいしゃいん   ✏️ _____
② 韓国   A かんこく   B がんこく   _____
③ 医者   A いさ   B いしゃ   _____
④ 大学生   A だいがくせい   B たいがくせい   _____

3 다음 단어들을 우리말에 맞게 배열해 보세요.

① 저의 우산입니다.   A の   B 傘   C 私   D です
➡ _____。

② 제 가방이 아닙니다.   A ではありません   B かばん   C 私   D の
➡ _____。

③ 영어 책입니다.   A です   B 本   C の   D 英語
➡ _____。

④ 기무라 씨의 것이 아닙니다.   A では   B 木村さん   C の   D ありません
➡ _____。

JLPT N5 기출 유형 맛보기

4 ____의 단어를 히라가나로 어떻게 씁니까? 1·2·3·4 중 가장 올바른 것을 하나 고르세요.

① 森さんは会社員じゃありません。 모리 씨는 회사원이 아닙니다.

 1 かいしゃじん   2 かいしゃいん   3 がいしゃじん   4 がいしゃいん

5 다음 문장의 ( )에 들어갈 것으로 가장 적당한 것을 1·2·3·4에서 고르세요.

① 日本語の本は私(   )じゃありません。 일본어 책은 제 것이 아닙니다.

 1 は   2 では   3 の   4 のは

정답은 정답 체크 3p에서 확인하세요!

한 줄 여행 일본어

일본 공항에서 쉽게 보고 들을 수 있는 가타카나 어휘, 잠깐 체크해 볼까요?

パスポート 여권 | ターミナル 터미널 | ロビー 로비 | リムジンバス 리무진 버스

Day 12

父は先生でした。
아버지는 선생님이었습니다.

학습 체크인 | DATE

명사문의 과거 긍정 표현 · 과거 부정 표현을 마스터한다.

- 명사문 과거 긍정 표현 익히기
- 명사문 과거 부정 표현 익히기
- 명사문 연결 표현 익히기

STEP 1 · 진짜자 일본어 준비물 체크하기

✈ 명사문의 과거 긍정 · 과거 부정 · 연결 표현을 익히고 과거의 일에 대해 말해 보세요.

~は~でした　~은/는 ~이었습니다
명사는 + 명사でした

명사 뒤에 「でした」를 붙이면 '~이었습니다'라는 뜻의 과거 긍정 표현이 됩니다. 조사로 사용된 「は(은/는)」는 '하'가 아니라 '와'로 발음하는 것에 주의합시다.

단어
- 父 아빠, 아버지
- ここ 여기
- 公園 공원

父は先生でした。　　　　　　　　아버지는 선생님이었습니다.
ここは公園でした。　　　　　　　여기는 공원이었습니다.

꿀팁! 「~でした(~이었습니다)」 뒤에 「~か(~까)」를 붙이면 의문문 '~이었습니까?'가 됩니다.
예) 先生でしたか。 ➡ 선생님이었습니까?
　　ここは公園でしたか。 ➡ 여기는 공원이었습니까?

 **～ではありませんでした　~이/가 아니었습니다**
명사 ✛ ではありませんでした

명사 뒤에「ではありませんでした」를 붙이면 '~이/가 아니었습니다'라는 뜻의 과거 부정 표현이 됩니다.
회화 상황에서는「じゃありませんでした」를 사용할 수 있습니다.

木村さんは会社員ではありませんでした。　기무라 씨는 회사원이 아니었습니다.

きのうは休みじゃありませんでした。　어제는 휴일이 아니었습니다.

단어
きのう 어제
休(やす)み 휴일, 휴가

 **～で～です　~이고/이며 ~입니다**
명사 ✛ で ✛ 명사 ✛ です

명사를 나열하여 연결할 때는 명사 뒤에「で」를 붙여 사용하며, '~이고, ~이며'라는 뜻이 됩니다.

私は韓国人で学生です。　저는 한국인이고 학생입니다.

田中さんは日本人で英語の先生です。　다나카 씨는 일본인이며 영어 선생님입니다.

단어
学生(がくせい) 학생
英語(えいご) 영어

STEP 2 일본어 연습하기

쓰기　읽기　말하기

 다음 단어를 사용하여 실생활 문장을 만들어 봅시다.

야마다/가수　　　　　　　　　山田/歌手
➡ 야마다 씨는 가수였습니다.　　山田さんは歌手でした。

그/회사원　　　　　　　　　　彼/会社員
➡ 그는 회사원이 아니었습니다.　彼は会社員じゃありませんでした。

그녀/미국인/디자이너　　　　彼女/アメリカ人/デザイナー
➡ 그녀는 미국인이고 디자이너입니다.　彼女はアメリカ人でデザイナーです。

STEP 3  일본어 여행하기

정답 개수 ☐ / 15

[1] 다음 보기를 보고 빈칸을 채워 보세요.

보기 学生（がくせい） ➡ 学生です ➡ 学生でした
학생　　　　　학생입니다　　　학생이었습니다

① 先生（せんせい） ➡ ☐ ➡ ☐
선생님　　　　선생님입니다　　　선생님이었습니다

② 大学生（だいがくせい） ➡ ☐ ➡ ☐
대학생　　　　대학생입니다　　　대학생이었습니다

③ 休（やす）み ➡ ☐ ➡ ☐
휴일　　　　　휴일입니다　　　휴일이었습니다

④ 歌手（かしゅ） ➡ ☐ ➡ ☐
가수　　　　　가수입니다　　　가수였습니다

[2] 다음 문장의 빈칸을 채워 보세요.

① 그는 고등학생이 아닙니다.
➡ 彼（かれ）☐ 高校生（こうこうせい）では☐☐☐☐☐。

② 이 건물은 병원이었습니다.
➡ このビル☐ 病院（びょういん）☐☐☐。

③ 시험은 금요일이 아니었습니다.
➡ テスト☐ 金曜日（きんようび）では☐☐☐☐☐でした。

④ 그녀는 가수가 아니었습니다.
➡ 彼女（かのじょ）☐ 歌手（かしゅ）じゃ☐☐☐☐☐☐☐☐。

3 다음 우리말에 맞게 빈칸을 채워 보세요.

① 私は (　　　　　) 先生です。
저는 일본인이고 선생님입니다.

② 私は (　　　　　) 小学生です。
저는 미국인이고 초등학생 입니다.

4 다음을 읽고 틀린 부분을 찾아 ○표시를 하고 올바르게 고치세요.

① あなたは小学生ではありませんでした。　➡ _____
당신은 초등학생이 아닙니다.

② 彼は高校生でした。　➡ _____
그는 고등학생이 아니었습니다.

③ 私の趣味は料理でしたです。　➡ _____
저의 취미는 요리였습니다.

JLPT N5 기출 유형 맛보기

5 다음 문장의 ★ 에 들어갈 것으로 가장 적당한 것을 1・2・3・4에서 하나 고르세요.

① マリさん ____ ____ ★ ____ です。 마리 씨는 미국인이고 의사입니다.

1 アメリカ　　2 医者　　3 は　　4 人で

② きのうは ____ ★ ____ ____ 。 어제는 휴일이 아니었습니다.

1 でした　　2 休み　　3 ありません　　4 じゃ

Day 13

昨日は休みでしたか。
어제는 휴일이었습니까?

의문문 표현을 마스터한다.

 「か」를 활용하여 질문하기
 '무엇'을 뜻하는 의문사로 질문하기
 '어디'를 뜻하는 의문사로 질문하기
 '언제'를 뜻하는 의문사로 질문하기

STEP 1 · 일본어 준비물 체크하기

의문문 표현을 익히고 다양하게 질문해 보세요.

~か ~까?

문장 끝에 「か」를 붙이면 의문문이 되며 끝을 올려서 발음합니다.

田中さんは大学生ですか。	다나카 씨는 대학생입니까?
英語の先生ではありませんか。	영어 선생님이 아닙니까?
昨日は休みでしたか。	어제는 휴일이었습니까?
加藤さんのカバンではありませんでしたか。	가토 씨의 가방이 아니었습니까?

단어
- 英語 영어
- 先生 선생님
- 昨日 어제
- 休み 휴일, 휴가

꿀팁!! 가벼운 회화체로 말하려면, 「では」를 「じゃ」로 바꾸면 됩니다.

예) 英語の先生じゃありませんか。 ➡ 영어 선생님 아니에요?
　　加藤さんのカバンじゃありませんでしたか。 ➡ 가토 씨의 가방 아니었어요?

 **何ですか 무엇입니까?**

의문사 「何」은 '무엇'을 뜻하며 뒤에 「~ですか(~입니까)」를 붙여 궁금한 것을 물을 때 사용합니다.

お名前は何ですか。　　　　　　성함은 무엇입니까?

趣味は何ですか。　　　　　　　취미는 무엇입니까?

電話番号は何ですか。　　　　　전화번호는 무엇입니까?

단어
名前 성함, 이름
趣味 취미
電話番号 전화번호

 **どこですか 어디입니까?**

의문사 「どこ」는 '어디'를 뜻하며, 「~ですか(~입니까)」를 붙여 장소에 대하여 물을 때 사용합니다.

銀行はどこですか。　　　　　　은행은 어디입니까?

出口はどこですか。　　　　　　출구는 어디입니까?

トイレはどこですか。　　　　　화장실은 어디입니까?

단어
銀行 은행
出口 출구
トイレ 화장실

 **いつですか 언제입니까?**

의문사 「いつ」는 '언제'를 뜻하며, 「~ですか(~입니까)」를 붙여 날짜나 시간에 대하여 물을 때 사용합니다.

休みはいつですか。　　　　　　휴일은 언제입니까?

お誕生日はいつですか。　　　　생일은 언제입니까?

イベントはいつですか。　　　　이벤트는 언제입니까?

단어
お誕生日 생일
イベント 이벤트

쓰기 □　읽기 □　말하기 □

 다음 단어를 사용하여 실생활 문장을 만들어 봅시다.

숙제　　　　　　　　　しゅくだい
　　　　　　　　　　　宿題
➡ 숙제는 무엇입니까?　　✎ 宿題は何ですか。

입구　　　　　　　　　いりぐち
　　　　　　　　　　　入口
➡ 입구는 어디입니까?　　入口はどこですか。

회의　　　　　　　　　かいぎ
　　　　　　　　　　　会議
➡ 회의는 언제입니까?　　会議はいつですか。

정답 개수 □ / 15

1 다음 단어를 보고 우리말과 어울리는 것과 연결해 보세요.

❶ どこ　　　　　　　・　　・ A 쉬는 날

❷ いつ　　　　　　　・　　・ B 무엇

❸ 何(なん)　　　　　・　　・ C 어디

❹ 休(やす)み　　　　・　　・ D 언제

2 다음 빈칸을 히라가나로 채워 보세요.

❶ 이곳은 은행입니까?　　　　ここは銀行(ぎんこう)です□。

❷ 고양이의 이름은 무엇입니까?　猫(ねこ)の名前(なまえ)は□□ですか。

❸ 시험은 언제 입니까?　　　　テストは□□ですか。

❹ 화장실은 어디입니까?　　　　トイレは□□ですか。

3 다음 단어들을 우리말에 맞게 배열해 보세요.

① 당신의 집은 어디입니까?　　A どこ　B 家は　C ですか　D あなたの
➡ _____

② 당신의 생일은 언제입니까?　　A 誕生日は　B いつ　C ですか　D あなたの
➡ _____

③ 모리 씨 전화번호는 무엇입니까?　A 何ですか　B 電話番号は　C 森さん　D の
➡ _____

4 다음 문장을 우리말로 해석해 보세요.

① 中村さん、明日休みじゃありませんか。
➡ _____

② 趣味は何ですか。
➡ _____

JLPT N5 기출 유형 맛보기

5 다음 문장의 (　)에 들어갈 것으로 가장 적당한 것을 **1·2·3·4**에서 하나 고르세요.

① あしたは山田さんのお誕生日(　　)か。 내일은 야마다 씨의 생일 아니에요?

　1 でした　　　　　　　　　　2 ありません
　3 じゃありませんでした　　　　4 じゃありません

② A: すみません。トイレは (　　　)。 실례합니다. 화장실은 어디예요?
　　B: あそこです。 저기예요.

　1 なんですか　2 いくらですか　3 どこですか　4 いつですか。

정답은 정답 체크 3p에서 확인하세요!

Day 14

これは何(なん)ですか。
이것은 무엇입니까?

지시대명사를 마스터한다.

 사물을 가리키는 지시대명사 익히기
 위치를 가리키는 지시대명사 익히기
 방향을 가리키는 지시대명사 익히기
 명사를 수식하는 지시대명사 익히기

STEP 1 일본어 준비물 체크하기

지시대명사를 사용해서 사물·위치·방향을 질문하고 대답해 봅시다.

✓ 지시대명사(사물)

「これ」는 '이것'이라는 뜻의 지시대명사로, 말하는 사람 가까이에 있는 것을 가리킬 때 사용합니다. 상대방 쪽에 가까이 있는 것을 가리킬 때는 「それ(그것)」, 말하는 사람과 상대방 모두에게 멀리 떨어져 있는 것을 가리킬 때는 「あれ(저것)」, 어느 것인지 불확실할 때는 「どれ(어느 것)」를 사용합니다.

これ	それ	あれ	どれ
이것	그것	저것	어느 것

これは何(なん)ですか。　　　　　　　　이것은 무엇입니까?

あれはノートではありません。　　　　　저것은 노트가 아닙니다.

단어
ノート 노트

 **지시대명사(위치)**

위치를 가리킬 때 쓰는 지시대명사 또한 말하는 사람과 가까운 곳은 「ここ(여기)」, 상대방 쪽에 가까울 때는 「そこ(거기)」, 둘 모두에게 멀리 떨어져 있을 때는 「あそこ(저기)」, 불확실 할 땐 「どこ(어디)」를 씁니다.

ここ	そこ	あそこ	どこ
여기, 이곳	거기, 그곳	저기, 저곳	어디, 어느 곳

そこはコンビニです. 　　　　　　　그곳은 편의점입니다.

あそこは駅(えき)です. 　　　　　　저곳은 역입니다.

단어
コンビニ 편의점
駅(えき) 역

 **지시대명사(방향)**

방향을 가리킬 때 사용하는 지시대명사 「こちら・そちら・あちら・どちら」는 우리말로 '이쪽・그쪽・저쪽・어느 쪽'이라는 의미이며, 친구와 같은 편한 사이에서는 「こっち・そっち・あっち・どっち」를 사용합니다.

こちら, こっち	そちら, そっち	あちら, あっち	どちら, どっち
이쪽	그쪽	저쪽	어느 쪽

ロビーはこちらです. 　　　　　　　로비는 이쪽입니다.

トイレはどちらですか. 　　　　　　화장실은 어느 쪽입니까?

단어
ロビー 로비
トイレ 화장실

 **명사를 수식하는 지시대명사**
この・その・あの・どの / こんな・そんな・あんな・どんな ＋ 명사

「この・その・あの・どの」는 우리말의 '이/그/저/어느'에 해당하며, 명사 앞에 위치해 그 명사를 가리킬 때 사용됩니다. 「こんな・そんな・あんな・どんな」는 뒤에 오는 명사의 성격이나 특징을 설명할 때 사용합니다.

この, こんな	その, そんな	あの, あんな	どの, どんな
이, 이런	그, 그런	저, 저런	어느, 어떤

あのくるまが私(わたし)のです. 　　　저 자동차가 제 것입니다.

どんなあじですか. 　　　　　　　　어떤 맛입니까?

단어
くるま 자동차
あじ 맛

STEP 2 일본어 연습하기

쓰기 ☐ 읽기 ☐ 말하기 ☐

✈ 다음 단어를 사용하여 실생활 문장을 만들어 봅시다.

도쿄역/저쪽   東京駅(とうきょうえき)/あちら

➡ 도쿄역은 저쪽입니다.   ✏ 東京駅はあちらです。

크다/가방/야마다 씨   大(おお)きい/かばん/山田(やまだ)さん

➡ 저 큰 가방이 야마다 씨의 것입니다.   あの大きいかばんが山田さんのです。

이것/영화   これ/映画(えいが)

➡ 이것은 어떤 영화입니까?   これはどんな映画ですか。

STEP 3 일본어 여행하기

정답 개수 ☐ / 15

1 다음 우리말에 맞게 빈칸에 히라가나를 써 넣으세요.

① 이것은 누구의 우산입니까?   ☐☐はだれの傘(かさ)ですか。

② 저것은 무엇입니까?   ☐☐は何(なん)ですか。

③ 그것은 휴대폰이 아닙니다.   ☐☐はケータイではありません。

④ 하야시 씨의 펜은 어느 것입니까?   林(はやし)さんのペンは☐☐ですか。

2 다음 단어를 보고 우리말과 어울리는 것과 연결해 보세요.

① どれ   •   • A 어느 쪽

② どちら •   • B 어느

③ どの   •   • C 어디

④ どこ   •   • D 어느 것

3 다음 문장을 읽고 우리말로 해석해 보세요.

① あの人は歌手です。
→ _____

② このノートは私のではありません。
→ _____

③ 山田さんはどんな人ですか。
→ _____

4 다음을 읽고 틀린 부분을 찾아 ○로 표시하고, 올바르게 고쳐 보세요.

① これペンはだれのですか。　　→ _____
이 펜은 누구 것입니까?

② そんなはロビーです。　　→ _____
저곳은 로비입니다.

JLPT N5 기출 유형 맛보기

5 다음 문장의 (　　)에 들어갈 것으로 가장 적당한 것을 1·2·3·4에서 하나 고르세요.

① ABC銀行は(　　)ですか。 ABC은행은 이쪽이에요?

　1 この　　2 こちら　　3 そこの　　4 そんな

② A: これは(　　)映画ですか。 이것은 어떤 영화예요?
　B: ホラー映画です。 공포 영화예요.

　1 そんな　　2 あんな　　3 こんな　　4 どんな

정답은 정답 체크 4p에서 확인하세요!

Day 15

田中さんはどなたですか。
다나카 씨는 어느 분이에요?

학습 체크인 | DATE

인칭대명사와 다양한 의미의 인사 표현을 마스터한다.

 인칭대명사를 익히고 사용해 보기

 호칭 표현을 익히고 사용해 보기

 다양한 의미를 가진 인사 표현 이해하기

STEP 1 - 일본어 준비물 체크하기

인칭대명사와 호칭을 이해하고, 상대에게 질문해 봅시다.

☑ 인칭대명사

'나/저', '당신', '그/그녀' 등 사람을 가리키는 대명사를 인칭대명사라고 합니다.

1인칭	2인칭	3인칭	부정칭(불분명한 대상)
わたし(私) 나, 저	あなた 당신	かれ(彼) 그 かのじょ(彼女) 그녀	だれ 누구 どなた 어느 분

田中さんはどなたですか。   다나카 씨는 어느 분이에요?

彼女は私の妹です。   그녀는 저의 여동생입니다.

これはだれのかさですか。   이건 누구의 우산입니까?

단어
妹 여동생
かさ 우산

 **호칭**

'~님, ~씨'처럼 상대방을 부를 때는 성이나 이름 뒤에 호칭을 붙입니다.

さん	~씨	가장 일반적으로 상대방을 부르는 호칭
さま	~님	さん보다 상대방을 더욱 높여 부르는 호칭
くん	~군	상대방이 남자일 때 부르는 친근하고 다정한 호칭
ちゃん	~아/야	친근감을 주며, さん보다 다정한 호칭

 **다양한 의미의 인사 표현**

🔖 すみません

すみません。
죄송합니다.

すみません。
감사합니다.

すみません。
저기요.

🔖 しつれいします

お先にしつれいします。
먼저 들어가 보겠습니다.

しつれいします。
실례합니다. (들어갈 때)

🔖 どうぞ

どうぞ。
자, 여기 앉으세요.

どうぞ。
자, 여기요.

다음 단어를 사용하여 실생활 문장을 만들어 봅시다.

다나카 씨/어느 분　　田中さん/どなた

➡ 다나카 씨는 어느 분인가요?

지갑/누구　　さいふ/だれ

➡ 이 지갑은 누구 거예요?

정답 개수 ☐ / 15

1 빈칸에 들어갈 히라가나를 써 보세요.

① 저, 나　　わ ☐ し
② 당신　　あな ☐
③ 그녀　　☐ のじょ
④ 누구　　だ ☐

2 다음 그림을 보고 알맞은 인사말을 적어 보세요.

① お先に ☐☐☐☐☐☐。
먼저 들어가 보겠습니다.

② ☐☐☐☐☐☐。
실례합니다.

저기요.

3 관계에 따라 알맞은 호칭을 써 보세요.

① 회사 동료를 부를 때

田_た中_{なか} 다나카   林_{はやし} 하야시

② 고객을 부를 때

銀_{ぎん}行_{こう}員_{いん} 은행원   中_{なか}村_{むら} 나카무라

4 다음 어휘를 보고 우리말과 어울리는 것과 연결해 보세요.

① どうぞ   •   • A 죄송합니다/저기요

② どなた   •   • B 자, 여기 앉으세요/자, 여기요

③ すみません   •   • C 그

④ かれ   •   • D 어느 분

JLPT N5 기출 유형 맛보기

5 다음 문장의 ★ 에 들어갈 것으로 가장 적당한 것을 1·2·3·4에서 하나 고르세요.

① この ____ ____ ★ ____ ですか。 이 책은 누구의 것입니까?

　　1 だれ　　　2 本_{ほん}　　　3 の　　　4 は

② 部_ぶ長_{ちょう}、____ ★ ____ ____ 。 부장님, 오늘은 먼저 실례하겠습니다.

　　1 は　　　2 今_{きょう}日　　　3 しつれいします　　　4 お先_{さき}に

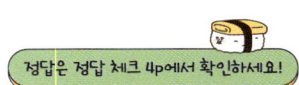

Day 16

この人は私の兄です。
이 사람은 저의 형(오빠)입니다.

가족 호칭을 마스터한다.

- 가족 호칭을 배우고 활용해 보기
- 조사 「と」를 배우고 활용해 보기

STEP 1 진짜자 일본어 준비물 체크하기

가족 호칭과 조사 と를 사용해서 가족을 소개해 봅시다.

가족 호칭

일본어에서는 나의 가족을 말할 때와 다른 사람의 가족을 말할 때의 호칭이 다르므로 꼭 주의해야 합니다. 나의 이름에 「さん」을 붙이지 않는 것과 비슷합니다.

남의 가족		나의 가족	
おじいさん 할아버님	おばあさん 할머님	祖父(そふ) 할아버지	祖母(そぼ) 할머니
お父(とう)さん 아버님	お母(かあ)さん 어머님	父(ちち) 아버지(아빠)	母(はは) 어머니(엄마)
お兄(にい)さん 형, 오빠	お姉(ねえ)さん 누나, 언니	兄(あに) 형, 오빠	姉(あね) 누나, 언니
弟(おとうと)さん 남동생분	妹(いもうと)さん 여동생분	弟(おとうと) 남동생	妹(いもうと) 여동생
ご主人(しゅじん) 남편분	奥(おく)さん 아내분	主人(しゅじん), 夫(おっと) 남편	妻(つま) 아내

息子さん 아드님	娘さん 따님	息子 아들	娘 딸
ご両親 부모님	お子さん 자녀분	両親, 親 부모님	うちの子 우리 애

 ~と ~와/과

명사 + と

조사 「と」는 '~와/과'라는 뜻으로 명사를 열거할 때 씁니다.

父と母と私です。
아버지와 어머니와 저입니다.

父と母と弟と私の4人家族です。
아버지와 어머니와 남동생과 저 4명 가족입니다.

佐藤さんとお父さんはそっくりです。
사토 씨와 아버님은 꼭 닮았습니다.

단어
4人 4명
家族 가족
そっくり 꼭 닮음

STEP 2 일본어 연습하기

쓰기 읽기 말하기

다음 단어를 사용하여 실생활 문장을 만들어 봅시다.

이쪽/여동생 　　　　こちら/妹
➡ 이쪽은 저의 여동생입니다. 　こちらは私の妹です。

이 사람/형 　　　　この人/兄
➡ 이 사람은 저의 형입니다. 　この人は私の兄です。

저분/어머님 　　　　あの方/お母さん
➡ 저분은 모리 씨의 어머님입니다. 　あの方は森さんのお母さんです。

STEP 3 진짜 일본어 여행하기

정답 개수 ☐ / 15

1 다음 표의 빈칸을 채워 보세요.

남의 가족	나의 가족
おじいさん	❶ [할아버지]
❷ [여동생분]	妹 (いもうと)
❸ [아버님]	父 (ちち)
ご主人 (ごしゅじん)	❹ [남편]

2 「私(わたし)」를 기준으로 다음 가계도를 완성해 보세요.

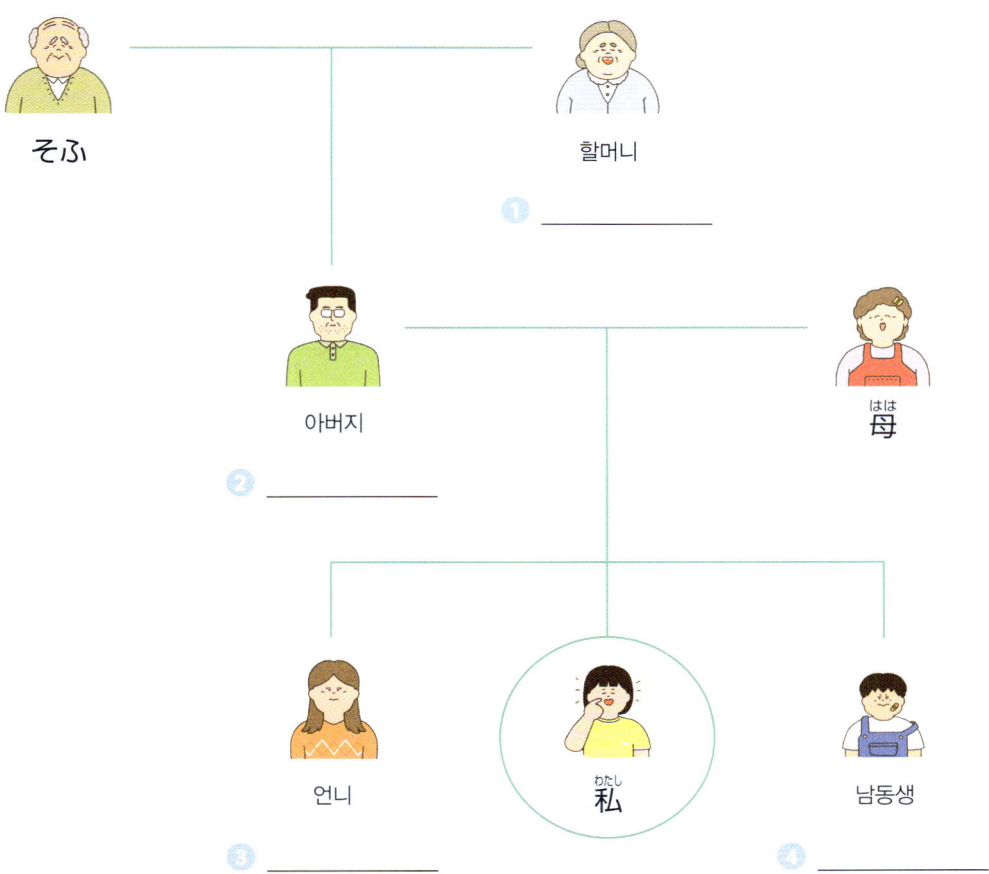

3 다음 문장을 읽고 틀린 부분을 〇, 틀리면 X로 표시하고 올바르게 고쳐 보세요.

① この方は山田さんの母です。 ➡ _____

이분은 야마다 씨의 어머니입니다.

② 先生、こちらは私のお兄さんです。 ➡ _____

선생님, 이쪽은 제 오빠입니다.

③ あの方は社長の娘です。 ➡ _____

저분은 사장님의 따님입니다.

④ あちらは鈴木さんの両親ですか。 ➡ _____

저쪽은 스즈키 씨의 부모님입니까?

4 다음 빈칸에 공통적으로 들어갈 히라가나를 써 보세요.

父 ☐ 母 아버지와 어머니 ｜ 私のいもう ☐ 내 여동생

おとう ☐ の彼女 남동생의 여자친구 ｜ お ☐ うさんのかばん 아버지의 가방

➡ _____

JLPT N5 기출 유형 맛보기

5 _____의 단어는 히라가나로 어떻게 씁니까? 1·2·3·4 중 가장 올바른 것을 하나 고르세요.

① 彼女は私の母です。 그녀는 저의 엄마입니다.

1 ちち　　　2 はは　　　3 いもうと　　　4 あね

② これは両親のプレゼントです。 이건 부모님 선물입니다.

1 りょしん　　　2 りょうしん　　　3 しゅじん　　　4 しゅうじん

Day 17

학습 체크인 | DATE

3つください。
세 개 주세요.

숫자와 요청 표현을 마스터한다.

- 숫자 세는 법 익히기
- 개수 세는 법 익히기
- 「ください」 표현을 익히고 요청해 보기

STEP 1 진짜자 일본어 준비물 체크하기

숫자 표현을 익혀 물건을 구매할 때 활용해 봅시다.

체크리스트 숫자 세는 법

일본어로 숫자는 아래와 같이 읽습니다. 0이나 4, 7, 9는 읽는 법이 여러 가지입니다.

0	1	2	3
れい・ゼロ	いち	に	さん
4	5	6	7
よん・よ・し	ご	ろく	なな・しち
8	9	10	11
はち	きゅう・く	じゅう	じゅういち

꿀팁! 숫자 10부터는 11(じゅういち), 12(じゅうに), 13(じゅうさん)과 같이 10(じゅう)과 일의 자리 숫자를 연결해서 읽으면 됩니다. 단, 14(じゅうよん/じゅうし), 17(じゅうなな/じゅうしち), 19(じゅうきゅう/じゅうく)처럼 읽는 법이 두 가지인 숫자도 있으니 꼼꼼하게 체크해 주세요!

 **체크리스트** 개수 세는 법

우리말의 '하나, 둘, 셋…'과 같이 일본어로도 개수를 세는 방법이 있습니다. '몇 개'는 「いくつ」라고 하고, '몇 개입니까?'는 「いくつですか。」입니다. 일상생활에서 자주 쓰이는 표현이므로 잘 기억해 둡시다.

한 개	두 개	세 개	네 개	다섯 개
ひとつ 一つ	ふたつ 二つ	みっつ 三つ	よっつ 四つ	いつつ 五つ
여섯 개	일곱 개	여덟 개	아홉 개	열 개
むっつ 六つ	ななつ 七つ	やっつ 八つ	ここのつ 九つ	とお 十

 **체크리스트** ~ください ~주세요
개수 + ください

상대에게 물건을 몇 개 달라고 요청할 때 쓰는 표현입니다.

これ三つください。 이거 세 개 주세요.
ハンバーガー一つください。 햄버거 하나 주세요.
りんご二つとみかん五つください。 사과 두 개와 귤 다섯 개 주세요.

단어
ハンバーガー 햄버거
りんご 사과
みかん 귤

 체크리스트 확인 완료!

 **STEP 2** 진짜자 **일본어 연습하기**

쓰기 / 읽기 / 말하기 ☐ ☐ ☐

 다음 단어를 사용하여 요청하는 문장을 만들어 봅시다.

이것/네 개

これ/よっつ

➡ 이거 네 개 주세요.

✎ これよっつください。

저것/일곱 개

あれ/ななつ

➡ 저거 일곱 개 주세요.

あれななつください。

STEP 3  일본어 여행하기

정답 개수 ☐ / 15

1 다음 숫자의 읽는 법을 써 보세요.

① 4 ➡ ☐☐ , ☐ , ☐

② 7 ➡ ☐☐ , ☐☐

③ 11 ➡ ☐☐☐☐☐

2 다음 빈칸에 알맞은 수를 써 보세요.

① にじゅうさんー☐☐☐☐☐☐ーにじゅうご

② ごじゅういちーごじゅうにー☐☐☐☐☐☐

③ さんじゅうさんーさんじゅうよんー☐☐☐☐☐☐

3 그림을 보고 개수에 맞는 알맞은 숫자를 히라가나로 써 보세요.

①

②

③

④

4 각 사람이 가진 디저트의 수와 그것을 모두 합한 합계를 히라가나로 써 보세요.

① お母(かあ)さん ➡ _____

② おばあさん ➡ _____

③ お姉(ねえ)さん ➡ _____

합계 _____

JLPT N5 기출 유형 맛보기

5 ____의 단어는 히라가나로 어떻게 씁니까? 1·2·3·4 중 가장 올바른 것을 하나 고르세요.

① すみません。これ<u>六つ</u>ください。 실례합니다. 이거 여섯 개 주요.

　1 いつつ　　2 むっつ　　3 ななつ　　4 やっつ

② あのう、すいか<u>一つ</u>いくらですか。 저기요, 수박 한 개 얼마예요?

　1 ひとり　　2 いち　　3 ひとつ　　4 いっこ

Day 18

これいくらですか。
이거 얼마입니까?

숫자와 가격을 묻는 표현을 마스터한다.

 큰 단위 숫자 세기

 가격 묻기

STEP 1 진짜자 일본어 준비물 체크하기

큰 단위 숫자를 익히고, 물건의 가격을 물어봅시다.

☐ 큰 단위 숫자 세기

100단위 숫자는 「ひゃく・びゃく・ぴゃく」 세 가지로 읽히고, 1,000단위 숫자는 「せん・ぜん」, 10,000 단위 숫자는 「まん」 한 가지로 읽히는 점에 주의합시다.

100	200	300	400	500
ひゃく 百	にひゃく 二百	さんびゃく 三百	よんひゃく 四百	ごひゃく 五百
600	700	800	900	1,000
ろっぴゃく 六百	ななひゃく 七百	はっぴゃく 八百	きゅうひゃく 九百	せん 千

1,000	2,000	3,000	4,000	5,000
せん 千	にせん 二千	さんぜん 三千	よんせん 四千	ごせん 五千
6,000	7,000	8,000	9,000	10,000
ろくせん 六千	ななせん 七千	はっせん 八千	きゅうせん 九千	いちまん 一万

10,000	20,000	30,000	40,000	50,000
いちまん 一万	にまん 二万	さんまん 三万	よんまん 四万	ごまん 五万
60,000	70,000	80,000	90,000	100,000
ろくまん 六万	ななまん 七万	はちまん 八万	きゅうまん 九万	じゅうまん 十万

 いくらですか。　얼마입니까?

물건의 가격을 물을 때 쓰는 표현입니다. 「円」은 일본의 화폐 단위로, 가격 뒤에 붙여서 사용합니다.

A : これいくらですか。　　　　　　　　　이거 얼마입니까?

B : ５５０円です。　　　　　　　　　　　550엔입니다.

A : 全部でいくらですか。　　　　　　　　전부 해서 얼마입니까?

B : 3,800円です。　　　　　　　　　　　3,800엔입니다.

단어
円　엔(화폐 단위)
全部で　전부 해서

4엔은 한자로 「四円」이라고 쓰고, 「よえん」이라고 읽습니다.

STEP 2 일본어 연습하기

쓰기　읽기　말하기

다음 단어를 사용하여 얼마인지 묻는 표현을 만들어 봅시다.

저/ 빵　　　　　　　　　　　　　あの/パン

➡ 저 빵은 얼마입니까?　　　　　　あのパンはいくらですか。

이/ 가방　　　　　　　　　　　　この/かばん

➡ 이 가방은 얼마입니까?　　　　　このかばんはいくらですか。

STEP 3 일본어 여행하기

정답 개수 ☐ / 15

1 다음 빈칸을 채워 숫자를 완성해 보세요.

① 385 ➡ さん ☐☐☐ はちじゅうご

② 671 ➡ ろっ ☐☐☐ ななじゅういち

③ 892 ➡ はっぴゃく ☐☐☐ じゅうに

④ 943 ➡ きゅうひゃく ☐☐☐☐☐ さん

2 다음을 읽고, 대화를 완성해 보세요.

コーヒーは ① _____ 。   커피는 얼마입니까?

コーヒーは ② _____ 円です。   커피는 250엔입니다.

パンはいくらですか。   빵은 얼마입니까?

パンは一つ３００円です。   빵은 하나에 300엔입니다.

じゃ、コーヒーとパン二つ ③ _____ 。   그럼 커피와 빵 두 개 주세요.

はい、④ _____ ８５０円です。   네, 전부 해서 850엔입니다.

3 다음 보기를 읽고 정답을 히라가나로 써 보세요.

보기: ペンは１００円です。ノートは１５０円です。
ペン七つとノート二つは全部でいくらですか。

정답 _____ 円

4 다음 숫자의 잘못된 부분에 ○를 표시하고 올바르게 고쳐 보세요.

① 96721 : きゅうまん／ろくぜん／ななひゃく／にじゅう／いち
➡ _____

② 70314 : ななまん／さんひゃく／じゅう／よん
➡ _____

③ 68512 : ろくまん／はちせん／ごひゃく／じゅう／に
➡ _____

④ 37259 : さんまん／ななせん／にびゃく／ごじゅう／きゅう
➡ _____

> **JLPT N5** 기출 유형 맛보기

5 ____의 단어는 히라가나로 어떻게 씁니까? 1・2・3・4 중 가장 올바른 것을 하나 고르세요.

① このざっしは<u>千円</u>です。 이 잡지는 천 엔입니다.

　1　ぜんえん　　2　せんえん　　3　まんえん　　4　ひゃくえん

② <u>全部</u>でいくらですか。 전부 해서 얼마예요?

　1　せんぷ　　2　ぜんぷ　　3　せんぶ　　4　ぜんぶ

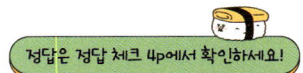
정답은 정답 체크 4p에서 확인하세요!

한 줄 여행 일본어

호텔에서 급히 필요한 것이 생겼을 때는 「명사(물건) + ～を おねがいします(~을 부탁합니다)」라고 말해 보세요. 그럼 호텔에서 자주 사용하는 어휘, 체크해 볼까요?

チェックイン 체크인 | アメニティー 어메니티(객실 내 비치된 비품) | 朝食(ちょうしょく) 조식 | クリーニング 크리닝, 세탁 | ワイファイ 와이파이 | パスワード 패스워드 | じゅうでんき 충전기 | アダプター 어댑터 | はブラシ 칫솔 | はみがきこ 치약

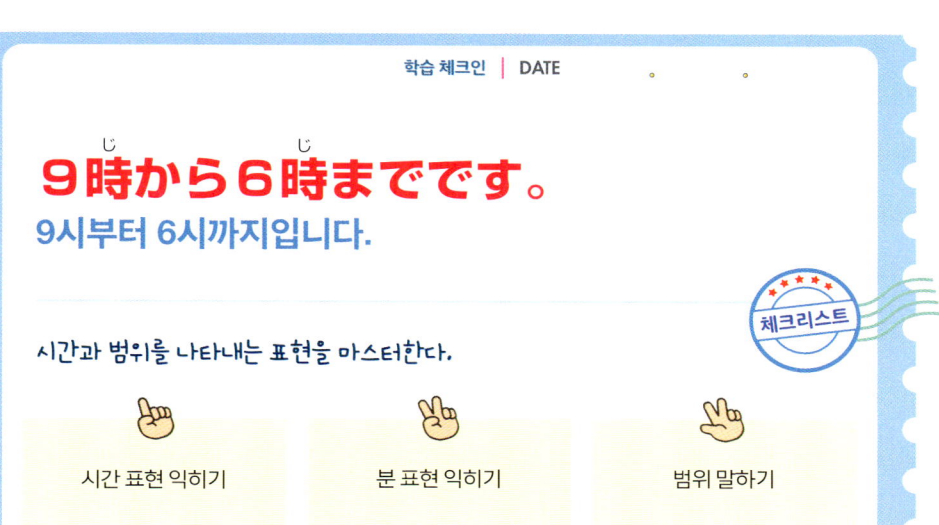

Day 19

9時から6時までです。
9시부터 6시까지입니다.

시간과 범위를 나타내는 표현을 마스터한다.

- 시간 표현 익히기
- 분 표현 익히기
- 범위 말하기

STEP 1  일본어 준비물 체크하기

시간 표현을 익혀서 시간을 자유롭게 물어봅시다.

체크리스트 시간

1시~12시는 숫자 뒤에 「時」를 붙이면 됩니다. 숫자 4, 7, 9는 읽는 법이 다양하지만 시간을 말할 때, 4시는 「よじ」, 7시는 「しちじ」, 9시는 「くじ」가 됩니다.

1時	2時	3時	4時
いちじ	にじ	さんじ	よじ
5時	6時	7時	8時
ごじ	ろくじ	しちじ	はちじ
9時	10時	11時	12時
くじ	じゅうじ	じゅういちじ	じゅうにじ

 몇 시는 「何時」라고 합니다.

 **분**

'분'은 한자로 「分」이라고 표기하고, 읽는 법은 「ふん・ぷん」두 가지가 있습니다. 몇 분은 「何分」이라고 합니다.

1分	2分	3分	4分	5分
いっぷん	にふん	さんぷん	よんぷん	ごふん
6分	7分	8分	9分	10分
ろっぷん	ななふん	はっぷん	きゅうふん	じゅっぷん
11分	12分	13分	14分	15分
じゅういっぷん	じゅうにふん	じゅうさんぷん	じゅうよんぷん	じゅうごふん
16分	17分	18分	19分	20分
じゅうろっぷん	じゅうななふん	じゅうはっぷん	じゅうきゅうふん	にじゅっぷん
21分	22分	23分	24分	25分
にじゅういっぷん	にじゅうにふん	にじゅうさんぷん	にじゅうよんぷん	にじゅうごふん
26分	27分	28分	29分	30分・半(반)
にじゅうろっぷん	にじゅうななふん	にじゅうはっぷん	にじゅうきゅうふん	さんじゅっぷん・はん

 **~から ~まで ~부터 ~까지**
명사 から + 명사 まで

범위를 나타낼 때 쓰는 표현 「から」는 '~부터', 「まで」는 '~까지'라는 뜻입니다.
'몇 시부터 몇 시까지입니까?'는 「何時から何時までですか。」라고 말합니다.

デパートは9時から8時までです。　　　　백화점은 9시부터 8시까지입니다.

12時から1時30分まで昼休みです。　　　12시부터 1시 30분까지 점심 시간입니다.

授業は午前10時から午後4時までです。　수업은 오전 10시부터 오후 4시까지입니다.

단어
デパート 백화점
昼休み 점심 시간
授業 수업
午前 오전
午後 오후

STEP 2 신저자 일본어 연습하기

☐ 쓰기 ☐ 읽기 ☐ 말하기

✈ 다음 단어를 사용하여 실생활 문장을 만들어 봅시다.

회의 　　　　　　　　　　　かい ぎ
　　　　　　　　　　　　　会議
➡ 3시부터 4시까지는 회의입니다. 　　✏ 3時から4時までは会議です。

수업 　　　　　　　　　　　じゅぎょう
　　　　　　　　　　　　　授業
➡ 수업은 1시부터 5시 반까지입니다. 　✏ 授業は1時から5時半までです。

STEP 3 신저자 일본어 여행하기

정답 개수 ☐ / 15

1 다음을 보고 알맞은 것끼리 이어 보세요.

① 9：13 ・　　　　　・ A　しちじ・さんじゅうはっぷん

② 9：46 ・　　　　　・ B　さんじ・じゅっぷん

③ 3：10 ・　　　　　・ C　くじ・よんじゅうろっぷん

④ 7：38 ・　　　　　・ D　くじ・じゅうさんぷん

2 다음 그림을 보고 시간을 히라가나로 써 보세요.

① 　　　　　　②

✏ _____　　　_____

③ 　　　　　　④

_____　　　_____

3 보기의 단어를 사용하여 다음 문장을 우리말로 해석해 보세요.

보기 　　アルバイト 아르바이트 ｜ 授業 수업 ｜ 食事 식사

① アルバイトは午前7時から12時までです。
→ _____

② 授業は午後1時半から3時までです。
→ _____

③ 5時から6時までは食事の時間です。
→ _____

4 다음을 읽고 대화를 완성해 보세요.

もしもし。明日は何時 ① _____ 何時 ② _____ ですか。
여보세요. 내일은 몇 시부터 몇 시까지입니까?

午前10時 ① _____ 午後8時 ② _____ です。
오전 10시부터 오후 8시까지입니다.

JLPT N5 기출 유형 맛보기

5 다음 문장의 ( )에 들어갈 것으로 가장 적당한 것을 1·2·3·4 에서 하나 고르세요.

① 昼休みは何時( )ですか。 점심 시간은 몇 시부터입니까?

1 いつ　　　2 何分　　　3 午前　　　4 から

② デパートは( )8時までです。 백화점은 오후 8시까지입니다.

1 何時　　　2 午後　　　3 全部　　　4 いつ

Day 20

木曜日ですね。
もくようび

목요일이네요.

날짜와 요일 표현을 마스터한다.

 월 표현 익히기   날짜 표현 익히기   요일 표현 익히기

STEP 1 진짜자 일본어 준비물 체크하기

날짜 표현을 익혀서 날짜와 관련된 질문을 자유롭게 해 보세요.

☐ 체크리스트 월

1월~12월은 숫자 뒤에 「月」(がつ)를 붙입니다. 4월, 7월, 9월은 읽는 법에 주의합시다.

1月	2月	3月	4月
いちがつ	にがつ	さんがつ	しがつ
5月	6月	7月	8月
ごがつ	ろくがつ	しちがつ	はちがつ
9月	10月	11月	12月
くがつ	じゅうがつ	じゅういちがつ	じゅうにがつ

 꿀팁! 몇 월은 「何月」(なんがつ)라고 합니다.

 **날짜**

일본어로 1일~10일까지는 읽는 법에 규칙이 없어 주의해야 하며, 11일 이후로는 숫자 뒤에 「にち」를 붙이면 됩니다. 단, 14일(じゅうよっか)・24일(にじゅうよっか)・20일(はつか)은 「にち」가 붙지 않습니다.

1日	2日	3日	4日	5日
ついたち	ふつか	みっか	よっか	いつか
6日	7日	8日	9日	10日
むいか	なのか	ようか	ここのか	とおか
11日	12日	13日	14日	15日
じゅういちにち	じゅうににち	じゅうさんにち	じゅうよっか	じゅうごにち
16日	17日	18日	19日	20日
じゅうろくにち	じゅうしちにち	じゅうはちにち	じゅうくにち	はつか
21日	22日	23日	24日	25日
にじゅういちにち	にじゅうににち	にじゅうさんにち	にじゅうよっか	にじゅうごにち
26日	27日	28日	29日	30日
にじゅうろくにち	にじゅうしちにち	にじゅうはちにち	にじゅうくにち	さんじゅうにち
31日	何日(며칠)			
さんじゅういちにち	なんにち			

 **요일**

우리말과 일본어의 요일은 다소 발음이 비슷하여 간단하게 외울 수 있습니다.

일요일	월요일	화요일	수요일
にちようび 日曜日	げつようび 月曜日	かようび 火曜日	すいようび 水曜日
목요일	금요일	토요일	무슨 요일
もくようび 木曜日	きんようび 金曜日	どようび 土曜日	なんようび 何曜日

STEP 2 진짜 일본어 연습하기

쓰기 ☐ 읽기 ☐ 말하기 ☐

✈ 다음 단어를 사용하여 날짜를 묻는 문장을 만들어 봅시다.

생일/몇 월 며칠

お誕生日(たんじょうび)/何月何日(なんがつなんにち)

➡ 생일은 몇 월 며칠입니까?

✏ お誕生日は何月何日ですか。

여름 휴가/언제

夏休み(なつやす)/いつ

➡ 여름 휴가는 언제입니까?

夏休みはいつですか。

STEP 3 진짜 일본어 여행하기

정답 개수 ☐ / 15

1 다음 빈칸을 히라가나로 채워 보세요.

	1일	2일	3일	4일	5일
❶		ふつか	みっか	❷	いつか
	6일	7일	8일	9일	10일
	むいか	なのか	❸	ここのか	❹

2 다음 날짜의 잘못된 부분에 ○를 표시하고 올바르게 고치세요.

❶ 7/14: しちがつ／じゅうよにち

➡ _____

❷ 1/28: いちがつ／にじゅうようか

➡ _____

❸ 4/5: よんがつ／ごにち

➡ _____

❹ 9/20: きゅうがつ／にじゅうにち

➡ _____

3 다음 달력을 보고 질문에 히라가나로 답해 보세요.

① いちがつ／じゅうよっかは何曜日ですか。
➡ _____

② いちがつ／はつかは何曜日ですか。
➡ _____

4 다음 대화를 읽고 빈칸을 히라가나로 채워 보세요.

やまもと
田中さんのお誕生日は何月何日ですか。
다나카 씨의 생일은 몇 월 며칠입니까?

たなか
① _____ です。
6월 23일입니다.

やまもと
そうですか。② _____ ですね。
그렇군요. 화요일이네요.

たなか
いや、③ _____ です。
아니요. 수요일입니다.

JLPT N5 기출 유형 맛보기

5 ____의 단어는 히라가나로 어떻게 씁니까? 1·2·3·4 중 가장 올바른 것을 하나 고르세요.

① テストは木よう日です。 테스트는 목요일입니다.

　1 かようび　　2 すいようび　　3 もくようび　　4 きんようび

② 母の日は5月8日です。 어머니의 날은 5월 8일입니다.

　1 よっか　　2 ようか　　3 ここのか　　4 いつか

정답은 정답 체크 5p에서 확인하세요!

Day 21

東京は交通が便利です。
도쿄는 교통이 편리합니다.

な형용사의 현재 긍정 표현과 현재 부정 표현을 마스터한다.

- な형용사 특징 알아보기
- な형용사 현재 긍정 표현 익히기
- な형용사 현재 부정 표현 익히기

STEP 1 · 일본어 준비물 체크하기

✈ な형용사의 현재 긍정과 부정 표현을 활용해서 자유롭게 말해 봅시다.

☑ な형용사의 특징
끝이 だ로 끝나는 형용사

な형용사는 끝이 「だ」로 끝나고, 명사를 꾸며 줄 때 「な」로 바뀌는 특징을 가지고 있습니다.

すきだ 좋아하다 ▎きらいだ 싫어하다 ▎きれいだ 예쁘다, 깨끗하다
しずかだ 조용하다 ▎まじめだ 성실하다 ▎有名(ゆうめい)だ 유명하다

☑ ~です ~합니다
な형용사 だ + です

명사를 꾸며주는 형용사 중 な형용사는 끝이 「だ」로 끝납니다. 말 끝의 「だ」 대신 「です」를 붙이면 정중한 현재 긍정 표현 '~합니다'가 됩니다.

さくらの花(はな)がきれいです。　　　　벚꽃이 예쁩니다.
東京(とうきょう)は交通(こうつう)が便利(べんり)です。　　도쿄는 교통이 편리합니다.
外(そと)はとてもしずかです。　　　　　밖은 매우 조용합니다.

단어
さくらの花(はな) 벚꽃
交通(こうつう) 교통
便利(べんり)だ 편리하다
外(そと) 밖

～ではありません ～하지 않습니다
な형용사 だ + ではありません

な형용사 끝의 「だ」를 「ではありません」으로 바꾸면, 정중한 현재 부정 표현인 '~하지 않습니다'가 됩니다. 가벼운 회화체로 말하려면 「じゃありません」을 사용하면 됩니다.

단어
- テスト 시험
- 簡単だ 간단하다
- まじめだ 성실하다
- 仕事 일
- 大変だ 힘들다

テストは簡単ではありません。 시험은 간단하지 않습니다.

彼はまじめではありません。 그는 성실하지 않습니다.

この仕事は大変ではありません。 이 일은 힘들지 않습니다.

な형용사의 활용은 명사문과 비슷합니다.

예) 大変です → 大変ではありません [な형용사]
힘듭니다 / 힘들지 않습니다

学生です → 学生ではありません [명사문]
학생입니다 / 학생이 아닙니다

STEP 2 진짜 일본어 연습하기

쓰기 읽기 말하기

다음 단어를 사용하여 실생활 문장을 만들어 봅시다.

학생/성실하다 — 学生/まじめだ
➡ 이 학생은 성실합니다. — この学生はまじめです。

야마다 씨/방/깨끗하다 — 山田さん/部屋/きれいだ
➡ 야마다 씨의 방은 깨끗합니다. — 山田さんの部屋はきれいです。

교통/편리하다 — 交通/便利だ
➡ 교통이 편리하지 않습니다. — 交通が便利ではありません。

온천/~을 좋아하다 — おんせん/～が好きだ
➡ 저는 온천을 좋아합니다. — 私はおんせんが好きです。

STEP 3 진짜! 일본어 여행하기

정답 개수 ☐ / 15

1 다음 보기를 보고 빈칸을 채워 보세요.

보기: すきだ ➡ すきです ➡ すきではありません
    좋아하다   좋아합니다   좋아하지 않습니다

① 便利だ ➡   ➡
  편리하다   편리합니다   편리하지 않습니다

② しずかだ ➡   ➡
  조용하다   조용합니다   조용하지 않습니다

③ 有名だ ➡   ➡
  유명하다   유명합니다   유명하지 않습니다

④ 大変だ ➡   ➡
  힘들다   힘듭니다   힘들지 않습니다

2 올바른 의미를 찾아 연결해 보세요.

① きれいです •   • A 간단합니다

② 簡単です •   • B 성실합니다

③ まじめです •   • C 깨끗합니다, 예쁩니다

3 다음 문장의 빈칸을 채워 보세요.

① 私の 妹はきれい ☐ 。   나의 여동생은 예쁘다.

② 彼女の 部屋 ☐ しずか ☐ ☐ 。   그녀의 방은 조용합니다.

③ あの 店は 有名じゃ ☐ ☐ ☐ ☐ ☐ 。   저 가게는 유명하지 않습니다.

3

4 우리말에 맞게 순서대로 배열하여 써 보세요.

① 交通は　ありません　では　便利　　교통은 편리하지 않습니다.
➡ _____。

② この　です　簡単　テストは　　이 테스트는 간단합니다.
➡ _____。

③ 先生は　有名　中村　です　　나카무라 선생님은 유명합니다.
➡ _____。

JLPT N5 기출 유형 맛보기

5 다음 문장의 (　)에 들어갈 것으로 가장 적당한 것을 1·2·3·4에서 하나 고르세요.

① このトイレはとても（　　）です。 이 화장실은 매우 깨끗합니다.

1 便利　　2 まじめ　　3 きれい　　4 大変

② さくらの花はとても（　　）です。 벚꽃은 매우 예쁩니다.

1 しずか　　2 きれい　　3 まじめ　　4 簡単

정답은 정답 체크 5p에서 확인하세요!

한 줄 여행 일본어

여러분은 혹시 우리나라와 일본의 지하철 역 출구를 부르는 방법이 다른 것을 알고 계셨나요? 우리나라는 1번 출구, 2번 출구처럼 번호로 부르지만 일본은 동쪽 출구(東口, ひがしぐち), 서쪽 출구(西口, にしぐち)처럼 동서남북으로 말한답니다. 그럼, 현지 지하철역 곳곳에 보이는 어휘, 잠깐 체크해 볼까요?

| 改札口 개찰구　| 乗り換え 환승　| のりば 승강장　| 入口 입구　| 出口 출구

Day 22

交通は不便でした。
교통은 불편했습니다.

학습 체크인 | DATE

な형용사의 과거 긍정 표현과 과거 부정 표현을 마스터한다!

- な형용사 과거 긍정 표현 익히기
- な형용사 과거 부정 표현 익히기

STEP 1 일본어 준비물 체크하기

 な형용사의 과거 긍정과 부정 표현을 익히고 지난 일들에 대해 이야기해 봅시다.

~でした ~했습니다
な형용사 だ + でした

な형용사 끝의 「だ」를 「でした」로 바꾸어 접속하면, '~했습니다'라는 뜻의 정중한 과거 긍정 표현이 됩니다.

街はにぎやかでした。　　거리는 북적거렸습니다.
交通は不便でした。　　　교통은 불편했습니다.
本当に幸せでした。　　　정말 행복했습니다.

단어
街 거리
にぎやかだ 북적거리다
交通 교통
不便だ 불편하다
本当に 정말(로)
幸せだ 행복하다

な형용사 활용은 명사문과 비슷합니다.

예) にぎやかです ➡ にぎやかでした　[な형용사]
　　 북적거립니다　　 북적거렸습니다

　　 先生です ➡ 先生でした　[명사문]
　　 선생님입니다　 선생님이었습니다

 **~ではありませんでした ~하지 않았습니다**

な형용사 だ + ではありませんでした

な형용사의 정중한 과거 부정형은「ではありません」뒤에「でした」를 붙이면 됩니다.「では」대신에「じゃ」를 사용하면 가벼운 회화체가 되므로, 바꾸어서 연습해 보세요.

彼女は親切ではありませんでした。
그녀는 친절하지 않았습니다.

お金は必要ではありませんでした。
돈은 필요하지 않았습니다.

アルバイトは楽じゃありませんでした。
아르바이트는 편하지 않았습니다.

단어
親切だ 친절하다
お金 돈
必要だ 필요하다
アルバイト 아르바이트
楽だ 편하다

꿀팁! な형용사의 공손한 과거 부정 표현은「~ではありませんでした」외에도「~ではなかったです」도 있으니 함께 알아 둡시다.

STEP 2  일본어 연습하기

다음 단어를 사용하여 실생활 문장을 만들어 봅시다.

디자인/특별하다	デザイン/特別だ
➡ 디자인이 특별했습니다.	デザインが特別でした。
호텔/깨끗하다	ホテル/きれいだ
➡ 호텔은 깨끗했습니다.	ホテルはきれいでした。
요리/~이/가 능숙하다	料理/~が上手だ
➡ 요리가 능숙하지 않았습니다.	料理が上手ではありませんでした。
설명/충분하다	説明/十分だ
➡ 설명이 충분하지 않았습니다.	説明が十分ではありませんでした。

STEP 3  일본어 여행하기

정답 개수 ☐ / 15

1 다음 보기를 보고 빈칸을 채워 보세요.

> **보기**
> すきだ ➡ すきです ➡ すきでした
> 좋아하다　　좋아합니다　　좋아했습니다

① 不便(ふべん)だ ➡ ＿＿＿＿ ➡ ＿＿＿＿
　불편하다　　　　불편합니다　　　　불편했습니다

② まじめだ ➡ ＿＿＿＿ ➡ ＿＿＿＿
　성실하다　　　　성실합니다　　　　성실했습니다

③ 親切(しんせつ)だ ➡ ＿＿＿＿ ➡ ＿＿＿＿
　친절하다　　　　친절합니다　　　　친절했습니다

④ 同(おな)じだ ➡ ＿＿＿＿ ➡ ＿＿＿＿
　같다　　　　　　같습니다　　　　　같았습니다

2 다음 보기를 보고 우리말에 맞게 빈칸을 채워 보세요.

> **보기**
> しずかではありません ➡ しずかではありませんでした
> 조용하지 않습니다　　　　조용하지 않았습니다

① 店員(てんいん)は親切(しんせつ)ではありません。 ➡ ＿＿＿＿
　점원은 친절하지 않습니다.　　　　　　　점원은 친절하지 않았습니다.

② 問題(もんだい)は簡単(かんたん)ではありません。 ➡ ＿＿＿＿
　문제는 간단하지 않습니다.　　　　　　　문제는 간단하지 않았습니다.

③ 体(からだ)は丈夫(じょうぶ)ではありません。 ➡ ＿＿＿＿
　몸은 튼튼하지 않습니다.　　　　　　　　몸은 튼튼하지 않았습니다.

④ アルバイトは大変(たいへん)ではありません。 ➡ ＿＿＿＿
　아르바이트는 힘들지 않습니다.　　　　　아르바이트는 힘들지 않았습니다.

3 다음 질문을 읽고 대화를 완성해 보세요.

店員は親切でしたか。
점원은 친절했습니까?

いいえ、親切_____。
아니요, 친절하지 않았습니다.

4 다음을 읽고 틀린 부분을 찾아 ○ 표시를 하고 올바르게 고쳐 보세요.

① この街はにぎやかなでした。　　➡ _____
　이 거리는 북적거렸습니다.

② この街はにぎやかだではありませんでした。　　➡ _____
　이 거리는 북적거리지 않았습니다.

③ 交通は便利だったです。　　➡ _____
　교통은 편리했습니다.

④ 交通は便利ありませんでした。　　➡ _____
　교통은 편리하지 않았습니다.

JLPT N5 기출 유형 맛보기

5 다음 문장의 ★ 에 들어갈 것으로 가장 적당한 것을 1·2·3·4에서 하나 고르세요.

① あの ____ ____ ★ ____ です。 저 가게 점원은 친절합니다.

　1 人は　　2 の　　3 親切　　4 店

② 私 ____ ★ ____ ____ です。 저와 남동생의 구두는 같습니다.

　1 弟の　　2 同じ　　3 と　　4 くつは

Day 23

학습 체크인 | DATE

あの人は有名な歌手です。
저 사람은 유명한 가수입니다.

な형용사의 명사 수식과 연결 표현을 마스터한다.

- な형용사로 명사 수식하기
- な형용사 연결 표현 익히기

STEP 1 · 진짜 일본어 준비물 체크하기

な형용사의 명사 수식과 연결 표현을 익히고 다양하게 명사를 꾸며 보세요.

체크리스트

~な + 명사   ~한
な형용사 だ + な

な형용사는 명사를 꾸밀 때, 끝의 「だ」를 「な」로 바꿔 줍니다.

きれいな部屋ですね。	깨끗한 방이네요.
あの人は有名な歌手です。	저 사람은 유명한 가수입니다.
好きなブランドです。	좋아하는 브랜드입니다.

단어
- きれいだ 깨끗하다
- 部屋 방
- 有名だ 유명하다
- 歌手 가수
- 好きだ 좋아하다
- ブランド 브랜드

꿀팁!

な형용사와 명사문은 비슷하게 활용되지만 명사를 수식할 때 な형용사는 「な」, 명사는 「の」가 붙습니다.

예) 好きな本 ➡ 좋아하는 책 [な형용사]
日本語の本 ➡ 일본어 책 [명사문]

 **~で** ~하고, ~해서

な형용사 だ + で

な형용사의 연결형은 '~하고, ~해서'라는 뜻으로 사물이나 사람의 성질과 상태 등을 열거할 때, 원인·이유를 말할 때 사용합니다. な형용사 끝의 「だ」를 「で」로 바꾸어 연결시킵니다.

단어
街 거리
静かだ 조용하다
野菜 채소, 야채
しんせんだ 신선하다

この街は静かできれいです。　　이 거리는 조용하고 깨끗합니다.

ここは野菜がしんせんで有名です。　여기는 채소가 신선해서 유명합니다.

꿀팁!

명사문의 연결형도 な형용사와 비슷합니다.

예) 彼女はまじめで親切です。 [な형용사]
그녀는 성실하고, 친절합니다.

母は英語の先生で、父は数学の先生です。 [명사문]
어머니는 영어 선생님이고, 아버지는 수학 선생님입니다.

체크리스트 확인 완료!

 **STEP 2** 신자강 **일본어 연습하기**

쓰기　읽기　말하기

 다음 단어를 사용하여 실생활 문장을 만들어 봅시다.

조용하다/마을　　　　　　　　　　静かだ/町
➡ 조용한 마을입니다.　　　　　　　 静かな町です。

가게/깨끗하다/친절하다　　　　　　お店/きれいだ/親切だ
➡ 이 가게는 깨끗하고 친절하다.　　このお店はきれいで親切だ。

휴대전화/복잡하다/힘들다　　　　　ケータイ/複雑だ/大変だ
➡ 이 휴대전화는 복잡해서 힘듭니다.　このケータイは複雑で大変です。

튼튼하다/편리하다/가방　　　　　　丈夫だ/便利だ/かばん
➡ 이것은 튼튼하고 편리한 가방입니다.　これは丈夫で便利なかばんです。

STEP 3 일본어 여행하기

정답 개수 ☐ / 15

1 올바른 의미를 찾아 연결해 보세요.

① しんせんな ・　　　　　・ A 친절한

② 好きな ・　　　　　・ B 신선한

③ 有名な ・　　　　　・ C 좋아하는

④ しんせつな ・　　　　　・ D 유명한

2 다음을 읽고 빈칸을 채워 보세요.

① まじめ ☐ 親切な 店員　　　성실하고 친절한 점원

② きれいで 有名 ☐ 歌手　　　예쁘고 유명한 가수

③ 丈夫 ☐ 便利 ☐ 車　　　튼튼하고 편리한 차

④ 大変 ☐ 複雑 ☐ 仕事　　　힘들고 복잡한 일

3 다음 문장을 일본어로 써 보세요.

단어 편안하다 楽だ | 소파 ソファー | 간단하다 簡単だ
요리 料理 | 조용하다 静かだ | 거리 街

① 편안한 소파입니다.
➡ _____。

② 간단한 요리입니다.
➡ _____。

③ 조용한 거리입니다.
➡ _____。

4 다음을 읽고 틀린 곳을 찾아 ○ 표시를 하고 올바르게 고쳐 보세요.

① きれいなしずかで店 ➡ _____
예쁘고 조용한 가게

② しんせんだ有名で野菜 ➡ _____
신선해서 유명한 채소

JLPT N5 기출 유형 맛보기

5 다음 문장의 (　　)에 들어갈 것으로 가장 적당한 것을 1·2·3·4에서 하나 고르세요.

① 山田さんは (　　　) まじめな人です。 야마다 씨는 친절하고 성실한 사람입니다.

　1 しんせつの　　2 しんせつで　　3 しんせつに　　4 しんせつだ

② ここはラーメンで (　　　) 店です。 여기는 라멘으로 유명한 가게입니다.

　1 有名の　　2 有名で　　3 有名な　　4 有名に

정답은 정답 체크 5p에서 확인하세요!

한 줄 여행 일본어

일본에는 '화장실'을 가리키는 다양한 표현이 있다는 거 알고 계셨나요?
먼저 トイレ는 영어 toilet에서 따 온 말로 일반적으로 가장 많이 쓰이는 표현이에요.
다음으로 お手洗い는 '화장실'이라는 직접적인 표현 대신 손을 씻으러 간다는 의미로 완곡하게 돌려 표현할 때 자주 사용한답니다.
마지막으로 化粧室는 말 그대로 '화장하는 곳'이란 의미로 주로 여성이나 고급 레스토랑, 호텔 등에서 사용하니 뉘앙스 차이를 알아 두면 좋겠죠?

Day 24

학습 체크인 | DATE ○ ○

彼の料理はおいしいです。
かれ　りょうり

그의 요리는 맛있습니다.

い형용사의 현재 긍정 표현과 현재 부정 표현을 마스터한다.

 い형용사 특징 알아보기

 い형용사 현재 긍정 표현 익히기

 い형용사 현재 부정 표현 익히기

STEP 1 ✓체크리스트 **일본어 준비물 체크하기**

✈ い형용사의 현재 긍정과 부정 표현을 이해하고 자유롭게 말해 봅시다.

☐ 체크리스트 **い형용사의 특징**
끝이 い로 끝나는 형용사

일본어의 형용사 중 끝이 **い**로 끝나는 형용사를 '**い**형용사'라고 합니다.

おいし**い** 맛있다 ❘ あま**い** 달다 ❘ 大き**い** 크다
　　　　　　　　　　　　　　　　　　　　　　おお
高**い** 높다, 비싸다 ❘ 暑**い** 덥다 ❘ おもしろ**い** 재밌다
たか　　　　　　　　あつ

☐ 체크리스트 **~い + です　~습니다**
い형용사い + です

い형용사 끝 「**い**」 뒤에 「**です**」를 붙이면, '~습니다'라는 뜻의 정중한 현재 긍정 표현이 됩니다.

彼の料理はおいし**い**です。	그의 요리는 맛있습니다.
私の部屋はとても狭**い**です。	제 방은 매우 좁습니다.
あのゲームは簡単で面白**い**です。	저 게임은 간단하고 재밌습니다.

단어
おいしい 맛있다
狭い 좁다
ゲーム 게임
面白い 재미있다

~くありません ~지 않습니다
い형용사 い + くありません

い형용사의 끝 「い」를 「く」로 바꾸고 「ありません」을 붙이면, '~지 않습니다'라는 뜻으로 정중한 현재 부정 표현이 됩니다. 「くありません」을 가벼운 회화체로 바꾸면 「くないです」가 되고, 반말체는 「くない(~지 않다)」가 됩니다.

단어
- スーパー 슈퍼
- 安(やす)い 싸다
- 今年(ことし) 올해
- 寒(さむ)い 춥다
- 今日(きょう) 오늘
- 天気(てんき) 날씨
- いい 좋다

このスーパーは安(やす)くありません。　　이 슈퍼는 싸지 않습니다.
今年(ことし)の冬(ふゆ)は寒(さむ)くありません。　　올해 겨울은 춥지 않습니다.
今日(きょう)の天気(てんき)はよくありません。　　오늘 날씨는 좋지 않습니다.

> '좋다'라는 뜻을 가진 형용사 「いい」에 「ありません」를 붙이면 「いくありません」이 아니라 **よく**ありません(좋지 않습니다)이 되니 꼭 주의합시다.

 **일본어 연습하기**

쓰기　읽기　말하기

✈ 다음 단어를 사용하여 실생활 문장을 만들어 봅시다.

가방/비싸다　　　　　　　　　かばん/高(たか)い
➡ 이 가방은 비쌉니다.　　　　✎ このかばんは高いです。

서울/덥다　　　　　　　　　　ソウル/暑(あつ)い
➡ 서울은 덥지 않습니다.　　　ソウルは暑くありません。

료칸(숙박 시설)/오래되다　　　りょかん/古(ふる)い
➡ 이 료칸은 오래됐습니다.　　このりょかんは古いです。

별로/좁다　　　　　　　　　　あまり/狭(せま)い
➡ 이 호텔은 별로 좁지 않습니다.　このホテルはあまり狭くありません。

STEP 3  일본어 여행하기

정답 개수 ☐ / 15

1 다음 보기 중 ❶~❸에 들어갈 조사를 쓰세요.

보기

この店はチョコレートケーキ ❶ ____ おいしいです。
이 가게는 초콜릿 케익이 맛있습니다.

イチゴのケーキ ❷ ____ おいしいです。
딸기 케익도 맛있습니다.

しかし、チーズケーキ ❸ ____ あまりおいしくありません。
그런데 치즈케익은 별로 맛있지 않습니다.

❶   ❷   ❸

2 다음 빈칸을 채워 보세요.

❶ 아이스크림은 맛있습니다. ➡ アイスクリームは ☐☐☐ です。

❷ 이 방은 좁습니다. ➡ この部屋は ☐☐ です。

❸ 이 펜은 비쌉니다. ➡ このペンは ☐☐ です。

❹ 한국도 춥습니다. ➡ 韓国も ☐☐ です。

3 다음을 문장을 부정형으로 바꿔 보세요.

❶ 狭いです ➡
   좁습니다   좁지 않습니다

❷ 安いです ➡
   쌉니다   싸지 않습니다

❸ 寒いです ➡
   춥습니다   춥지 않습니다

❹ いいです ➡
   좋습니다   좋지 않습니다

3

4 다음을 읽고 대화를 완성해 보세요.

 このマンガ、面白い ① _____。
이 만화, 재미있나요?

 いいえ、あまり面白く ② _____。
아니요, 별로 재미없어요.

JLPT N5 기출 유형 맛보기

5 다음 문장의 ( )에 들어갈 것으로 가장 적당한 것을 1·2·3·4에서 하나 고르세요.

① タイの冬は ( ) ありません。 태국의 겨울은 춥지 않습니다.

 1 あつく　　2 やすく　　3 よく　　4 さむく

② あの店の人はとても ( ) です。 저 가게 점원은 매우 재밌습니다.

 1 おいしい　　2 おもしろい　　3 せまい　　4 たかい

정답은 정답 체크 6p에서 확인하세요!

한 줄 여행 일본어

일본하면 가장 먼저 떠오르는 음식은 '스시(초밥)'이라고 말할 정도로 스시는 세계적으로도 대중적인 음식이 되었는데요. 스시를 먹을 때 간장은 밥이 아니라 생선에 찍어서 먹어야 한다고 해요. 장인의 손으로 만들어낸 밥의 모양이 변형되기 때문이라고 합니다.

그럼 현지 스시집에서 써 볼 수 있는 메뉴 어휘, 잠깐 체크해 볼까요?

サーモン 연어 | えび 새우 | いか 오징어 | まぐろ 참치(붉은 살) | 中トロ 참치 뱃살 | うに 성게

학습 체크인 | DATE

Day 25

その映画は怖かったです。
그 영화는 무서웠습니다.

い형용사의 과거 긍정 표현과 과거 부정 표현을 마스터한다.

 い형용사 과거 긍정 표현 익히기   い형용사 과거 부정 표현 익히기

 STEP 1 진짜자 **일본어 준비물 체크하기**

い형용사의 과거 긍정과 부정 표현을 익히고 지난 일들에 대해 이야기해 봅시다.

 **~かったです ~었습니다**
い형용사 <del>い</del> + かったです

い형용사의 끝 「い」를 「かったです」로 바꾸면, '~었습니다'라는 뜻의 정중한 과거 긍정 표현이 됩니다. 「です」를 생략하면 반말체 「かった(~었다)」가 됩니다.

旅行は楽しかったです。   여행은 즐거웠습니다.
妹のかばんは重かったです。   여동생 가방은 무거웠습니다.
その映画は怖かったです。   그 영화는 무서웠습니다.

단어
旅行 여행
楽しい 즐겁다
かばん 가방
重い 무겁다
映画 영화
怖い 무섭다

꿀팁! 「いい(좋다)」의 과거 표현은 「いかった」가 아니라 「よかった(좋았다)」라고 합니다.
예 いい ➡ よかった ➡ よかったです
　　좋다　　좋았다　　좋았습니다

 **체크리스트** 　～くありませんでした　～지 않았습니다
　　　　　　　　　い형용사 い + くありませんでした

い형용사의 끝「い」를「く」로 바꾸고,「ありませんでした」를 붙여 주면,
'~지 않았습니다'라는 뜻의 정중한 과거 부정 표현이 됩니다.

단어
難しい　어렵다
バス　버스
あまり　별로, 그다지
速い　빠르다
夏休み　여름 휴가
長い　길다

昨日のテストは難しくありませんでした。　　어제 시험은 어렵지 않았습니다.
バスはあまり速くありませんでした。　　　　버스는 별로 빠르지 않았습니다.
夏休みは長くありませんでした。　　　　　　여름 휴가는 길지 않았습니다.

꿀팁! い형용사의 정중한 과거 부정 표현은「～くありませんでした」외에
「～くなかったです」도 있으니 함께 알아 둡시다.
예) おいしくありませんでした。 ＝ おいしくなかったです。
　　맛있지 않았습니다　　　　　　　맛있지 않았습니다

⭐ 체크리스트 확인 완료!

 **STEP 2** 진짜 일본어 연습하기

쓰기　읽기　말하기
☐　　☐　　☐

✈ 다음 단어를 사용하여 실생활 문장을 만들어 봅시다.

방/좁다　　　　　　　　　　　　部屋/狭い
➡ 방은 좁았습니다.　　　　　　　✏ 部屋は狭かったです

케이크/맛있다　　　　　　　　　ケーキ/おいしい
➡ 케이크도 맛있었습니다.　　　　ケーキもおいしかったです。

역/멀다　　　　　　　　　　　　駅/遠い
➡ 역은 멀지 않았습니다.　　　　　駅は遠くありませんでした。

온천/크다　　　　　　　　　　　温泉/大きい
➡ 온천은 크지 않았습니다.　　　　温泉は大きくありませんでした。

STEP 3 진짜 일본어 여행하기   정답 개수 ☐ / 15

1 다음 보기를 보고 빈칸을 채워 보세요.

보기: 甘い ➡ 甘かった ➡ 甘かったです
달다 / 달았다 / 달았습니다

① 重い ➡ ☐ ➡ ☐
무겁다 / 무거웠다 / 무거웠습니다

② 短い ➡ ☐ ➡ ☐
짧다 / 짧았다 / 짧았습니다

③ いい ➡ ☐ ➡ ☐
좋다 / 좋았다 / 좋았습니다

④ 長い ➡ ☐ ➡ ☐
길다 / 길었다 / 길었습니다

2 다음 빈칸을 채워 보세요.

① 즐겁지 않았습니다.　楽し☐ありませんでした。

② 좋지 않았습니다.　☐☐ ありませんでした。

③ 무섭지 않았습니다.　こわく ☐☐☐☐ でした。

④ 가깝지 않았습니다.　ちかく ありません ☐☐ 。

3 다음 문장을 읽고 틀린 곳을 찾아 ○로 표시하고, 올바르게 고쳐 보세요.

① 電車も 速かったでした。　➡ _____
전철도 빨랐습니다.

② そのドラマは 怖ありませんでした。　➡ _____
그 드라마는 무섭지 않았습니다.

4 보기의 단어를 참고하여 어울리는 문장이 되도록 연결해 보세요.

단어

ケーキ 케이크 ┃ 旅行 여행 ┃ テスト 테스트 ┃ やさしい 쉽다
おいしい 맛있다 ┃ 楽しい 즐겁다

① ケーキは •　　　　　　　　• A　やさしくありませんでした。

② 旅行は •　　　　　　　　• B　おいしかったです。

③ テストは •　　　　　　　　• C　楽しくありませんでした。

JLPT N5 기출 유형 맛보기

5 다음 문장의 (　　)에 들어갈 것으로 가장 적당한 것을 1·2·3·4에서 하나 고르세요.

① タイ料理はあまり(　　　　)ありませんでした。 태국 요리는 별로 맵지 않았습니다.

　1　からい　　　2　からく　　　3　からいて　　　4　からくて

② A: テストは難しかったですか。 테스트는 어려웠습니까?
　B: いいえ、あまり(　　　　)。 아니요, 별로 어렵지 않았습니다.

　1　かんたんです　　　　　　2　かんたんではありませんでした
　3　難しかったです　　　　　4　難しくありませんでした

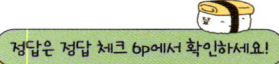
정답은 정답 체크 6p에서 확인하세요!

한 줄 여행 일본어

토핑 천국이라 불리는 일본! 라멘 가게에 가도 예외는 아닌데요. 클래식한 맛도 좋지만 여러 가지 토핑을 추가해 보세요. 색다른 라멘을 맛볼 수 있을 거예요. 특히 メンマ(죽순 무침)의 식감은 끝내준답니다. 다른 토핑도 한 번 살펴볼까요?

たまご 달걀 ┃ わかめ 미역 ┃ ねぎ 파 ┃ チャーシュー 돼지고기 ┃ メンマ 죽순 ┃ のり 김 ┃ もやし 숙주

Day 26

학습 체크인 | DATE

明(あか)るい人(ひと)です。
밝은 사람입니다.

い형용사의 명사 수식과 연결 표현을 마스터한다.

 い형용사 명사 수식 표현 익히기   い형용사 연결 표현 익히기

 체크리스트

리얼단어카드

STEP 1 · 진짜 일본어 준비물 체크하기

✈ い형용사의 명사 수식과 연결 표현을 익히고 다양하게 말해 보세요.

 체크리스트   **~い + 명사   ~인**
い형용사 い + 명사

い형용사는 명사를 꾸밀 때, 「い」부분 그대로 접속합니다.

白(しろ)いシャツ一枚(いちまい)ください。   흰 셔츠 한 장 주세요.
彼女(かのじょ)は明(あか)るい人(ひと)です。   그녀는 밝은 사람입니다.
この小(ちい)さいスマホは高(たか)いです。   이 작은 스마트폰은 비쌉니다.

단어
白(しろ)い   하얗다
明(あか)るい   밝다
小(ちい)さい   작다
スマホ   스마트폰
高(たか)い   비싸다, 높다

 꿀팁!
い형용사가 명사를 수식하는 경우에는 「の」를 붙이면 안됩니다.
예   赤(あか)いのくつ (X)
　　 赤(あか)いくつ (O)

 **체크리스트** ~くて ~이고, ~여서
い형용사 い + くて

い형용사의 연결표현은 '~이고, ~여서'라는 뜻으로 사물이나 사람의 성질과 상태를 열거할 때, 원인·이유를 말할 때 사용합니다. い형용사 끝의 「い」를 「く」로 바꾸고 「て」를 붙여 줍니다.

青森のりんごは赤くて甘いです。　　아오모리의 사과는 빨갛고 답니다.
大きくて軽いバッグください。　　크고 가벼운 가방 주세요.
このレストランは安くておいしいです。　　이 레스토랑은 싸고 맛있습니다.

단어
青森　아오모리 (일본의 지명)
りんご　사과
甘い　달다
赤い　빨갛다
大きい　크다
軽い　가볍다
レストラン　레스토랑
安い　싸다

꿀팁! 명사·な형용사·い형용사의 연결 표현 비교
学生 ➡ 学生で　학생이고, 학생이어서　[명사]
しずかだ ➡ しずかで　조용하고, 조용해서　[な형용사]
おいしい ➡ おいしくて　맛있고, 맛있어서　[い형용사]

 체크리스트 확인 완료!

STEP 2 진짜 일본어 연습하기

쓰기　읽기　말하기

 다음 단어를 사용하여 실생활 문장을 만들어 봅시다.

맛있다/빵　　　　　　　　　　おいしい/パン
 맛있는 빵입니다.　　　　✏ おいしいパンです。

책/가볍다/재미있다　　　　　本/軽い/面白い
➡ 이 책은 가볍고 재미있습니다.　この本は軽くて面白いです。

가게/비싸다/맛이 없다　　　お店/高い/まずい
➡ 그 가게는 비싸고 맛이 없습니다.　そのお店は高くてまずいです。

커피/달다/좋다　　　　　　コーヒー/甘い/いい
➡ 이 커피는 달아서 좋습니다.　このコーヒーは甘くていいです。

STEP 3 진짜 일본어 여행하기

정답 개수 ☐ / 15

1 빈칸에 공통적으로 들어갈 말을 보기에서 골라 밑줄에 써 보세요.

보기: ろ　お　や　か

① あ☐るい　밝다　➡ _____
　　☐るい　가볍다

② お☐きい　크다　➡ _____
　　☐もい　무겁다

③ ☐すい　싸다　➡ _____
　　は☐い　빠르다

④ し☐い　하얗다　➡ _____
　　おもし☐い　재있다

2 다음 보기를 참고하여 우리말을 일본어로 써 보세요.

보기: 하얗다 白い | 빨갛다 赤い | 밝다 明るい | 검다 黒い
　　　가방 かばん | 방 部屋 | 사과 リンゴ | 구두 くつ

① 하얀 가방 ➡ _____

② 밝은 방 ➡ _____

③ 빨간 사과 ➡ _____

④ 검은 구두 ➡ _____

3 다음 빈칸을 채워 보세요.

① 하얗고 밝은 방　　白□□明る□部屋

② 크고 빨간 사과　　大き□□赤□リンゴ

③ 가볍고 긴 가방　　軽□□長□かばん

4 다음 보기의 단어를 두 개 연결하여, 대화를 완성해 보세요.

보기　　좁다 狭い ｜ 비싸다 高い ｜ 싸다 安い ｜ 맛있다 おいしい

やまだ：加藤さん、ホテルはどうでしたか。　　가토 씨, 호텔은 어땠나요?

かとう：① _____ です。　　좁고 비쌌습니다.

やまだ：そうですか。食べ物はどうでしたか。　　그렇군요. 음식은 어땠나요?

かとう：② _____ です。　　싸고 맛있었어요.

JLPT N5 기출 유형 맛보기

5 다음 문장의 ★ 에 들어갈 것으로 가장 적당한 것을 1·2·3·4에서 하나 고르세요.

① 山田さんの ____ ____ ★ ____ です。　야마다 씨의 짐은 크고 무겁습니다.

　1 荷物　　2 重い　　3 大きくて　　4 は

② この ____ ★ ____ ____ です。　이 작은 스마트폰은 가토 씨의 것입니다.

　1 加藤さんの　　2 小さい　　3 は　　4 スマホ

정답은 정답 체크 6p에서 확인하세요!

Day 27

학습 체크인 | DATE

果物が好きです。
과일을 좋아합니다.

기호, 능력을 의미하는 형용사 표현을 마스터한다.

 좋아하는 것 말하기　 싫어하는 것 말하기　 잘하는 것 말하기　 못하는 것 말하기

STEP 1 　일본어 준비물 체크하기

좋아하는 것, 싫어하는 것, 잘하는 것, 못하는 것에 대해 이야기해 봅시다.

～が好きです　～을/를 좋아합니다
명사 が + 好きです

「好きだ」는 '좋아하다'라는 뜻의 な형용사로, 앞에 조사 「が」를 붙여 '~을/를 좋아합니다'라고 표현합니다. 조사 「を(을/를)」를 사용하지 않도록 주의합시다.

猫が好きです。	고양이를 좋아합니다.
おもしろい人が好きです。	재미있는 사람을 좋아합니다.
春と秋が好きです。	봄과 가을을 좋아합니다.

단어
猫 고양이
春 봄
秋 가을

> 친구처럼 가까운 사람에게 무언가를 좋아한다고 말할 때에는 「です」를 뺀 형태로 말합니다.
> 예) 映画が好き。 ➡ 영화를 좋아해.
> 　　甘いコーヒーが好き。 ➡ 달콤한 커피를 좋아해.

 **~がきらいです　~을/를 싫어합니다**
명사 が + きらいです

「きらいだ」는 '싫어하다'라는 뜻의 な형용사로, 「~がきらいです」처럼 조사 「が」를 붙여 '~을/를 싫어합니다'라고 표현합니다.

野菜がきらいです。　　　　　　　　　채소를 싫어합니다.
大きい虫がきらいです。　　　　　　　큰 벌레를 싫어합니다.
夏と冬がきらいです。　　　　　　　　여름과 겨울을 싫어합니다.

단어
野菜　채소
虫　벌레
夏　여름
冬　겨울

 **~が上手です　~을/를 잘합니다**
명사 が + 上手です

「上手だ」는 '잘하다'라는 뜻의 な형용사로, 「~が上手です」처럼 조사 「が」를 붙여 '~을/를 잘합니다'라고 표현합니다.

料理が上手です。　　　　　　　　　　요리를 잘합니다.
弟は日本語が上手です。　　　　　　　남동생은 일본어를 잘합니다.

단어
料理　요리
日本語　일본어

 **~が下手です　~을/를 잘 못합니다**
명사 が + 下手です

「下手だ」는 '못하다, 서투르다'라는 뜻의 な형용사로, 「~が下手です」처럼 조사 「が」를 붙여 '~을/를 못합니다, ~이/가 서툽니다'라고 표현합니다.

英語が下手です。　　　　　　　　　　영어를 잘 못합니다.
私はサッカーが下手です。　　　　　　저는 축구를 잘 못합니다.

단어
英語　영어
サッカー　축구

일본어 연습하기

쓰기 ☐ 읽기 ☐ 말하기 ☐

 다음 단어를 사용하여 실생활 문장을 만들어 봅시다.

영화/좋아하다   映画/好きだ
➡ 영화를 좋아합니다.

여름/싫어하다   夏/きらいだ
➡ 여름을 싫어합니다.

영어/잘하다   英語/上手だ
➡ 영어를 잘합니다.

발표/못하다   発表/下手だ
➡ 발표를 잘 못합니다.

STEP 3 일본어 여행하기

정답 개수 ☐ / 15

1 다음 빈칸에 들어가는 조사를 써 보세요.

① 虫 ☐ きらいです。   벌레를 싫어합니다.

② 彼氏は運転 ☐ 上手です。   남자친구는 운전을 잘합니다.

2 우리말에 맞게 다음 빈칸을 히라가나로 채워 보세요.

① アイドルが ☐☐ です。   아이돌을 좋아합니다.

② 日本料理が ☐☐☐ です。   일본 요리를 잘합니다.

③ 英語が ☐☐ です。   영어를 잘 못합니다.

3 다음을 보고 의미가 비슷한 것끼리 연결해 보세요.

① きらいではありません •　　　　　• A 好きです

② 下手ではありません •　　　　　• B きらいです

③ 好きではありません •　　　　　• C 上手です

④ 上手ではありません •　　　　　• D 下手です

4 다음을 읽고 틀린 곳을 찾아 ○로 표시하고, 바르게 고쳐 보세요.

① 日本語の好きです。　　➡ _____
　일본어를 좋아합니다.

② サッカーが下手なです。　➡ _____
　축구를 못 합니다.

③ 料理が上手だです。　　➡ _____
　요리를 잘 합니다.

④ 野菜がきらかったです。　➡ _____
　야채를 싫어했습니다.

JLPT N5 기출 유형 맛보기

5 다음 문장의 ★ 에 들어갈 것으로 가장 적당한 것을 1·2·3·4에서 하나 고르세요.

① 姉は ____ ____ ★ ____ ありません。 언니는 운전을 잘 못합니다.

　1 じゃ　　2 が　　3 運転　　4 上手

② 私は ____ ★ ____ ____ です。 저는 여름과 겨울을 좋아합니다.

　1 好き　　2 と　　3 冬が　　4 夏

Day 28

학습 체크인 | DATE

新しい靴がほしいです。
새로운 신발을 갖고 싶습니다.

희망, 바람의 표현과 대상, 이유를 묻는 의문사를 마스터한다.

- 「ほしい」로 희망 표현하기
- 의문사로 누구인지 묻기
- 의문사로 어떤지 묻기

STEP 1 — 일본어 준비물 체크하기

희망 표현을 익히고 바라는 것을 자유롭게 말해 봅시다.

～がほしいです   ～을/를 갖고 싶습니다
명사 が + ほしいです

「ほしい」는 '원하다, 바라다'라는 뜻의 い형용사로, 원하는 것이 있을 때 앞에 조사 「が」를 붙여 「～がほしいです(～을/를 갖고 싶습니다)」라고 표현할 수 있습니다. 이때 조사 「を(을/를)」를 쓰지 않도록 주의합니다.

단어
- 新しい 새롭다
- パソコン 컴퓨터
- 大きい 크다
- 軽い 가볍다
- かさ 우산

新しいパソコンがほしいです。   새 컴퓨터를 갖고 싶습니다.
大きくて軽いかさがほしいです。   크고 가벼운 우산을 갖고 싶습니다.

꿀팁! 다른 사람의 희망을 나타낼 때는 사용하지 않습니다.
예) 田中さんは新しいパソコンがほしいです。(X)

～はだれですか ～은/는 누구입니까?
명사 は + だれですか

「だれ」는 '누구'라는 뜻의 의문사입니다. '～은/는 누구입니까?'라고 대상을 물을 때에는 「～はだれですか」라고 표현합니다.

あの人はだれですか。   저 사람은 누구입니까?

好きな歌手はだれですか。   좋아하는 가수는 누구입니까?

단어
好きだ 좋아하다
歌手 가수

～はどうですか ～은/는 어떻습니까?
명사 は + どうですか

「どう」는 '어떻게'라는 뜻의 의문사입니다. 「～はどうですか(～은/는 어떻습니까?)」라고 상대방의 의견이나 의향을 물어볼 때 사용합니다.

A: 味はどうですか。   맛은 어떻습니까?
B: 辛いです。   맵습니다.

A: この服はどうですか。   이 옷은 어떻습니까?
B: かわいいですね。   귀엽네요.

단어
味 맛
辛い 맵다
服 옷
かわいい 귀엽다

STEP 2 일본어 연습하기

쓰기 읽기 말하기

✈ 다음 단어를 사용하여 실생활 문장을 만들어 봅시다.

검다/옷
黒い/服
➡ 검은 옷을 갖고 싶습니다.
✏ 黒い服がほしいです。

키가 크다
せが高い
➡ 키가 큰 사람은 누구입니까?
せが高い人はだれですか。

도쿄
東京
➡ 도쿄는 어떻습니까?
東京はどうですか。

STEP 3  일본어 여행하기

정답 개수 ☐ / 15

1 보기를 참고하여 질문에 알맞은 그림을 선택해 보세요.

 まじめだ 성실하다 | うるさい 시끄럽다 | やさしい 상냥하다 | ひまだ 한가하다

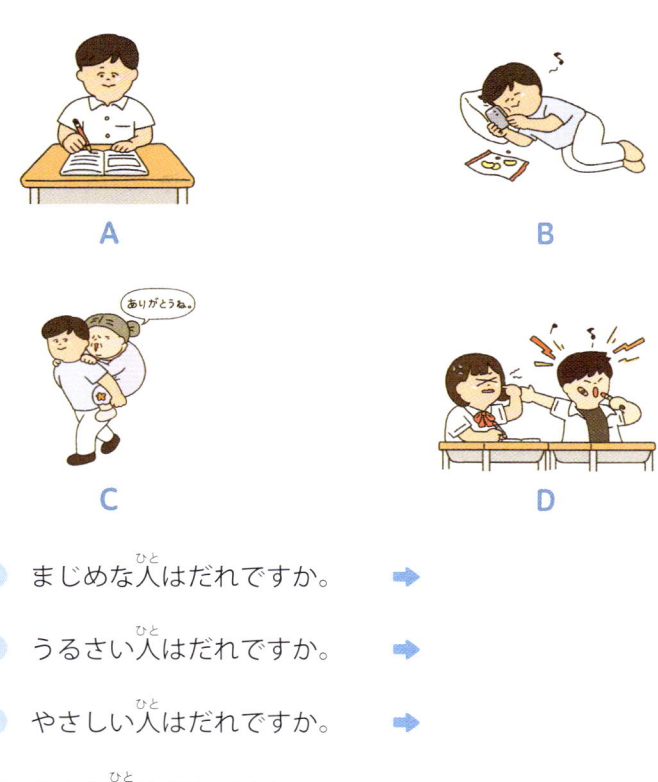

① まじめな人はだれですか。 ➡

② うるさい人はだれですか。 ➡

③ やさしい人はだれですか。 ➡

④ ひまな人はだれですか。 ➡

2 다음 빈칸을 채워 보세요.

① 新しいケータイ ☐ ほしいです。   새로운 핸드폰을 갖고 싶습니다.

② 長いスカートが ☐☐ です。   긴 치마를 갖고 싶습니다.

③ かわいい犬が ☐☐☐☐ 。   귀여운 강아지를 갖고 싶습니다.

④ 赤い服 ☐☐☐☐☐ 。   빨간 옷을 갖고 싶습니다.

3 다음을 읽고 대화를 완성해 보세요.

やまもと: 田中さんはクリスマスのプレゼントで何が ❶ _____。
다나카 씨는 크리스마스 선물로 무엇을 갖고 싶습니까?

たなか: 私は新しい服 ❷ _____。
저는 새 옷을 갖고 싶습니다.

4 우리말에 맞게 순서대로 배열하여 써 보세요.

❶ 安い　大きくて　ほしい　かばんが　です　　크고 저렴한 가방을 갖고 싶습니다.
➡ _____。

❷ 料理の　どうですか　味は　この　　이 요리 맛은 어때요?
➡ _____。

❸ だれですか　このクラスで　人は　まじめな　　이 학급에서 성실한 사람은 누구입니까?
➡ _____。

JLPT N5 기출 유형 맛보기

5 다음 문장의 (　) 에 들어갈 것으로 가장 적당한 것을 1·2·3·4에서 하나 고르세요.

❶ 新しいパソコン (　　　) ほしいです。 새 컴퓨터를 갖고 싶습니다.

　1　か　　　2　が　　　3　を　　　4　に

❷ A: 駅前の店は (　　　)。 역 앞 가게는 어떻습니까?
　B: とても安いですね。 매우 저렴해요.

　1　だれですか　　2　どうしてですか　　3　どうですか　　4　ほしいですか。

정답은 정답 체크 6p에서 확인하세요!

Day 29

학습 체크인 | DATE

地下鉄より タクシーの方が 速いです。
지하철보다 택시 쪽이 빠릅니다.

비교, 최상급을 나타내는 형용사 표현을 마스터한다.

- 비교 표현 익히기
- 최상급 표현 익히기

STEP 1 일본어 준비물 체크하기

비교 표현과 최상급 표현을 익혀서 자유롭게 상황 설명해 봅시다.

~より ~の方が~ ~보다 ~쪽이 ~
명사1 + より + 명사2 + の方が ~

「~より ~の方が」는 '~보다 ~쪽이 (더)'라는 의미로, 두 가지 사항을 비교할 때 사용하는 표현입니다.

地下鉄より タクシーの方が 速いです。
지하철보다 택시 쪽이 빠릅니다.

私より 妹の方が 日本語が 上手です。
저보다 여동생 쪽이 일본어를 잘합니다.

단어
- 地下鉄 지하철
- タクシー 택시
- 速い 빠르다
- 妹 여동생

💡 명사 이외에 형용사를 연결하여 사용하기도 합니다.
예) ひまより 忙しい方が 好きです。
한가한 것보다는 바쁜 쪽을 좋아합니다.

 **~が 一番~**　　~이/가 가장 ~
명사 が + 一番~

「一番」은 '첫째, 맨 처음'이라는 뜻인데, 부사로 사용하면 '가장, 제일'이라는 최상급의 의미가 됩니다. '~중에서 ~이 가장~'이라고 말 할 때는 「~の中で~が一番~」이라는 표현을 사용해 보세요.

단어
果物 과일
いちご 딸기
クラス 학급, 반
背 키, 신장
高い (키가) 크다

果物の中でいちごが一番好きです。　　과일 중에서 딸기를 가장 좋아합니다.
クラスの中で彼が一番背が高いです。　학급 안에서 그가 가장 키가 큽니다.

여러 가지 의문사를 활용해서 최상급(가장 ~하다)의 뉘앙스로 질문해 보세요.
예 日本の中でどこが一番有名ですか。
일본에서 어디가 가장 유명합니까?
日本料理の中で何が一番好きですか。
일본 요리 중에서 무엇을 가장 좋아합니까?
クラスの中でだれが一番せが高いですか。
학급 안에서 누가 가장 키가 큽니까?

STEP 2 일본어 연습하기

쓰기　읽기　말하기

 다음 단어를 사용하여 실생활 문장을 만들어 봅시다.

버스/전철/빠르다　　　　　　　　　　バス/電車/速い
➡ 버스보다 전철 쪽이 빠릅니다.　　　　バスより電車の方が速いです。

색깔/노란색/좋아하다　　　　　　　　色/黄色/好きだ
➡ 색깔 중에 노란색을 가장 좋아합니다.　色の中で黄色が一番好きです。

바다/산/좋아하다　　　　　　　　　　海/山/好きだ
➡ 바다보다 산 쪽을 좋아합니다.　　　　海より山の方が好きです。

과일/수박/가장/~을 좋아하다　　　　　果物/スイカ/一番/~が好きだ
➡ 과일 중에서 수박을 가장 좋아합니다.　果物の中でスイカが一番好きです。

STEP 3  일본어 여행하기

정답 개수 ☐ / 15

1 다음 빈칸에 알맞은 히라가나를 넣어 보세요.

① 数学 ☐☐ 英語の方が好きです。
수학보다 영어 쪽을 좋아합니다.

② ケーキ ☐☐ アイスクリーム ☐ 方がおいしいです。
케이크보다 아이스크림 쪽이 맛있습니다.

③ 姉 ☐☐ 妹の ☐☐ が軽いです。
언니보다 여동생 쪽이 가볍습니다.

④ ホテル ☐☐ 私の部屋 ☐☐☐☐ 楽です。
호텔보다 제 방 쪽이 편합니다.

2 다음을 읽고 대화를 완성해 보세요.

やまもと: 田中さん、日本料理の ① _____ 何が一番好きですか。
다나카 씨, 일본 요리 중에서 무엇을 가장 좋아합니까?

たなか: すしが ② _____ 好きです。
초밥을 가장 좋아합니다.

3 우리말에 맞게 순서대로 배열하여 써 보세요.

① バス　速い　タクシーの　より　方が
버스보다 택시 쪽이 더 빠르다.
➡ _____ 。

② 甘い　スイカ　より　イチゴの　方が
수박보다 딸기 쪽이 더 달다.
➡ _____ 。

③ 一番　好きです　秋が　中で　季節の
계절 중에서 가을을 가장 좋아합니다.
➡ _____ 。

4 질문을 읽고 보기에서 단어를 골라 그에 해당하는 답변을 써 보세요.

보기 ㅣ スイカ 수박 ㅣ 夏(なつ) 여름 ㅣ 木村(きむら) 기무라 ㅣ 南極(なんきょく) 남극

① 果物の中で何が一番好きですか。 과일 중에서 무엇을 가장 좋아합니까?
➡ _____ 。

② 季節の中でいつが一番暑いですか。 계절 중에서 언제가 가장 덥습니까?
➡ _____ 。

③ クラスの中でだれが一番うるさいですか。 학급 안에서 누가 가장 시끄럽습니까?
➡ _____ 。

④ 世の中でどこが一番寒いですか。 세상에서 어디가 가장 춥습니까?
➡ _____ 。

JLPT N5 기출 유형 맛보기

5 다음 문장의 ( )에 들어갈 것으로 가장 적당한 것을 1·2·3·4에서 하나 고르세요.

① りんご( )バナナの方が安いです。 사과보다 바나나 쪽이 저렴합니다.

1 しか　　　2 より　　　3 に　　　4 も

② 日本料理の中で( )一番からいですか。 일본 요리 중에서 무엇이 가장 맵습니까?

1 なにも　　　2 なにか　　　3 なにが　　　4 なにを

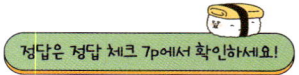
정답은 정답 체크 7p에서 확인하세요!

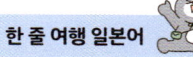
한 줄 여행 일본어

현지 편의점에서 보이는 디저트 어휘, 잠깐 체크해 볼까요?

プリン 푸딩 ㅣ パフェ 파르페 ㅣ 大福(だいふく) 찹쌀떡 ㅣ パンケーキ 팬케이크 ㅣ クレープ 크레이프

Day 30

학습 체크인 | DATE

テーブルの下(した)にいます。
테이블 밑에 있습니다.

위치 표현과 존재 표현을 마스터한다.

체크리스트

 위치 표현 익히기

 존재 표현 「あります」 익히기

 존재 표현 「います」 익히기

STEP 1 · 일본어 준비물 체크하기

위치 표현을 익혀서 사물이나 동물이 어디에 있는지 말해 봅시다.

 **위치 표현**
명사 + の + 위치 + に

위치 표현이란? 일상생활에서 자주 쓰이는 '오른쪽, 왼쪽, 위, 아래'와 같이 위치를 나타내는 표현을 말합니다. 「つくえの上(うえ)に(책상 위에)」처럼 위치 표현 뒤에는 조사 「に」를 붙여 '~에 (있다/없다)'라고 표현합니다.

위	아래, 밑	안, 속	밖
上(うえ)	下(した)	中(なか)	外(そと)

앞	뒤	오른쪽	왼쪽
前(まえ)	後(うし)ろ	右(みぎ)	左(ひだり)

옆, 이웃	근처, 주변	A와 B 사이	맞은편, 건너편
隣（となり）	そば	AとBの間（あいだ）	向（む）こう
(역) 근처		주변, 일대	
(駅（えき）の)近（ちか）く		へん	

~にあります・ありません　~에 있습니다・없습니다
식물/사물이 + 위치/장소에 + あります・ありません

사물이나 식물처럼 이동할 수 없는 것이 '있습니다'라고 할 때는 「あります」, '없습니다'는 「ありません」을 사용합니다.

本（ほん）はテーブルの上（うえ）にあります。　　책은 테이블 위에 있습니다.

ホテルは駅（えき）の前（まえ）にあります。　　호텔은 역 앞에 있습니다.

バッグの中（なか）にさいふがありません。　　가방 안에 지갑이 없습니다.

단어
本（ほん）　책
ホテル　호텔
駅（えき）　역
さいふ　지갑

~にいます・いません　~에 있습니다・없습니다
사람/동물이 + 위치/장소에 + います・いません

사람이나 동물처럼 살아 있는 것이 '있습니다'라고 할 때는 「います」, '없습니다'라고 말할 땐 「いません」이라고 표현합니다.

ねこはいすの下（した）にいます。　　고양이는 의자 밑에 있습니다.

マリーは森（もり）さんの隣（となり）にいます。　　마리는 모리 씨 옆에 있습니다.

電車（でんしゃ）の中（なか）にだれもいません。　　전철 안에 아무도 없습니다.

단어
いす　의자
電車（でんしゃ）　전철
だれも　아무도

다음 단어를 사용하여 실생활 문장을 만들어 봅시다.

사과/테이블/위/있습니다　　　りんご/テーブル/上(うえ)/あります

➡ 사과는 테이블 위에 있습니다.　　✎ りんごはテーブルの上にあります。

모리 씨/교실/안/있습니다　　　森(もり)さん/教室(きょうしつ)/中(なか)/います

➡ 모리 씨는 교실 안에 있습니다.　　森さんは教室の中にいます。

정답 개수 ☐ / 15

1 빈칸에 공통적으로 들어갈 말을 밑줄에 써 보세요.

① ☐ た　　아래, 밑
　う ☐ ろ　　뒤　　➡ _____

② ひ だ ☐　　왼쪽
　と な ☐　　옆, 이웃　　➡ _____

③ な ☐　　안, 속
　ち ☐ く　　근처　　➡ _____

2 다음 한자의 읽는 법과 의미를 써 보세요.

① 上　　읽는 법　　　　　의미
② 右　　읽는 법　　　　　의미
③ 前　　읽는 법　　　　　의미
④ 外　　읽는 법　　　　　의미

3 그림을 보고 보기에서 말을 골라 문장을 완성해 보세요.

보기: へや 방 ┃ ベッド 침대 ┃ テーブル 테이블 ┃ つくえ 책상 ┃ いす 의자
が 이/가 ┃ あります 있습니다 ┃ 前 앞 ┃ 後ろ 뒤 ┃ 横 옆 ┃ 中 안

① へやの _____ に ベッドが _____ 。

② テーブルは つくえの _____ に _____ 。

③ いすは つくえの _____ に _____ 。

4 다음 단어를 참고하여 일본어로 문장을 만들어 보세요.

단어: 개 犬 ┃ 의자 밑 いすの下 ┃ 은행 銀行 ┃ 우체국 옆 郵便局の隣
책 本 ┃ 책상 위 つくえの上

① 개는 의자 밑에 있습니다.　➡ _____ 。

② 은행은 우체국 옆에 있습니다.　➡ _____ 。

③ 책은 책상 위에 없습니다.　➡ _____ 。

JLPT N5 기출 유형 맛보기

5 다음 문장의 ★ 에 들어갈 것으로 가장 적당한 것을 1·2·3·4에서 하나 고르세요.

① かばん ____ ____ ★ ____ ありません。 가방 안에 책이 없습니다.

　1 中　　　2 の　　　3 に　　　4 本が

② 銀行は ____ ★ ____ ____ に あります。
은행은 우체국과 편의점 사이에 있습니다.

　1 コンビニの　　2 と　　　3 間　　　4 郵便局

Day 31

학습 체크인 | DATE

話を聞く。
이야기를 듣다.

동사의 종류를 이해하고 1그룹 동사를 마스터한다.

- 👆 동사의 특징 알아보기
- ✌ 1그룹 동사 익히기

STEP 1 진짜로 일본어 준비물 체크하기

✈ 1그룹 동사의 특징을 이해하고, 배운 어휘를 사용해 말해 봅시다.

☑ 체크리스트 — 동사의 특징

일본어 동사는 모두 う단으로 끝나며 형태에 따라 1그룹 동사, 2그룹 동사, 3그룹 동사 세 가지로 분류합니다.

| う단 | う | く | ぐ | す | つ | ぬ | ぶ | む | る |

☑ 체크리스트 — 1그룹 동사

📑 1그룹 동사 특징에 대해 알아봅시다.

1그룹 동사의 사전형	
1. 「る」로 끝나지 않는 모든 동사	あう 만나다 ǀ まつ 기다리다 ǀ いく 가다 ǀ のむ 마시다
2. 「る」로 끝나고, 앞이 あ・う・お단인 경우	わかる 알다 ǀ うる 팔다 ǀ のる 타다

📌 일상생활에 자주 쓰이는 1그룹 동사를 외워 봅시다.

う단	1그룹 동사 사전형	따라 써 보기
う	会う 만나다	✏️ 会う
	買う 사다	買う
	歌う 노래하다	歌う
く	書く 쓰다	書く
	聞く 묻다/듣다	聞く
	歩く 걷다	歩く
ぐ	泳ぐ 헤엄치다	泳ぐ
	急ぐ 서두르다	急ぐ
す	話す 이야기하다	話す
	貸す 빌려주다	貸す
	渡す 건네다	渡す
つ	待つ 기다리다	待つ
	持つ 들다/가지다	持つ
	立つ 서다	立つ
ぬ	死ぬ 죽다	死ぬ
ぶ	呼ぶ 부르다	呼ぶ
	遊ぶ 놀다	遊ぶ
	運ぶ 옮기다	運ぶ
む	読む 읽다	読む
	飲む 마시다	飲む
	住む 살다	住む
る	分かる 알다	分かる
	売る 팔다	売る
	乗る 타다	乗る

체크리스트 확인 완료!

쓰기	읽기	말하기
☐	☐	☐

다음 단어를 사용하여 실생활 문장을 만들어 봅시다.

매일/음악/듣다　　　　　　毎日/音楽/聞く

➡ 나는 매일 음악을 듣는다.　　✎ 私は毎日音楽を聞く。

여동생/책/읽다　　　　　　妹/本/読む

➡ 여동생은 매일 책을 읽는다.　　妹は毎日本を読む。

미국/~에 살다　　　　　　アメリカ/~に住む

➡ 다나카 씨는 미국에 산다.　　田中さんはアメリカに住む。

정답 개수 ☐ / 15

1 다음 뜻에 알맞은 동사를 연결해 보세요.

　① 읽다　　　　•　　　　• A　きく

　② 이야기하다　•　　　　• B　かく

　③ 듣다　　　　•　　　　• C　よむ

　④ 쓰다　　　　•　　　　• D　はなす

2 다음 빈칸에 알맞은 히라가나를 넣어 보세요.

　① 햄버거를 사다.　　　　ハンバーガーを ☐☐ 。

　② 우산을 빌려주다.　　　傘を ☐☐ 。

　③ 버스를 기다리다.　　　バスを ☐☐ 。

3 다음 단어의 읽는 법을 고르고, 밑줄에 뜻을 써 보세요.

① 売る   A はる   B うる   _____

② 立つ   A まつ   B たつ   _____

③ 乗る   A のる   B わかる   _____

4 다음 단어에 해당하는 한자를 고르고, 밑줄에 뜻을 써 보세요.

① あるく   A 歩く   B 秒く   _____

② すむ   A 往む   B 住む   _____

③ もつ   A 持つ   B 待つ   _____

JLPT N5 기출 유형 맛보기

5 ____의 단어를 히라가나로 어떻게 씁니까? 1·2·3·4 중 가장 올바른 것을 하나 고르세요.

① 森さんはいつもジュースを飲む。 모리 씨는 항상 주스를 마신다.

1 よむ   2 すむ   3 のむ   4 かむ

② 日よう日は友だちと遊ぶ。 일요일은 친구와 논다.

1 よぶ   2 はこぶ   3 あそぶ   4 まなぶ

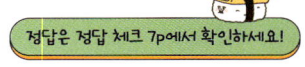

정답은 정답 체크 7p에서 확인하세요!

한 줄 여행 일본어

현지 경양식집 메뉴 어휘, 잠깐 체크해 볼까요?

オムライス 오므라이스 | ナポリタン 나폴리탄 | ハンバーグ 햄버그스테이크 | サラダ 샐러드

Day 32

학습 체크인 | DATE

パンを<ruby>食<rt>た</rt></ruby>べる。
빵을 먹다.

2그룹 동사와 3그룹 동사를 마스터한다.

- 2그룹 동사 익히기
- 3그룹 동사 익히기

STEP 1 진짜★ 일본어 준비물 체크하기

✈ 2그룹・3그룹 동사의 특징을 이해하고, 배운 어휘를 사용해 말해 봅시다.

☐ 체크리스트 2그룹 동사

📑 2그룹 동사 특징에 대해 알아봅시다.

2그룹 동사의 사전형	
1. 「る」로 끝나고, 앞이 い단인 경우	み**る** 보다 ┃ おき**る** 일어나다
2. 「る」로 끝나고, 앞이 え단인 경우	た**べる** 먹다 ┃ ね**る** 자다

 꿀팁! 「る」로 끝나는 동사는 앞을 꼭 체크해 주세요. 「わかる・うる・のる」처럼 「る」 앞이 あ・う・お단 이면 1그룹, 「おきる・ねる」처럼 「る」 앞이 い・え단 이면 2그룹이에요.

📑 일상생활에 자주 쓰이는 2그룹 동사를 외워 봅시다.

구분	2그룹 동사 사전형	따라 써 보기
い단 + る	見る 보다	✎ 見る
	いる 있다	いる
	起きる 일어나다	起きる
	着る 입다	着る

구분	2그룹 동사 사전형	따라 써 보기
え단 + る	食べる 먹다	✎ 食べる
	寝る 자다	寝る
	覚える 기억하다/외우다	覚える
	考える 생각하다	考える

☐  3그룹 동사

📑 3그룹 동사는 단 두 개뿐이며 불규칙 동사입니다.

구분	3그룹 동사 사전형	따라 써 보기
불규칙 동사	来る 오다	✎ 来る
	する 하다	する

📑 3그룹 동사 중에서 する는 한자어와 결합하여 사용할 수 있습니다.

한자어	3그룹	する동사	따라 써 보기
勉強 공부	+する 하다	勉強する 공부하다	✎ 勉強する
料理 요리		料理する 요리하다	料理する
運動 운동		運動する 운동하다	運動する
旅行 여행		旅行する 여행하다	旅行する

쓰기　읽기　말하기
☐　　☐　　☐

다음 단어를 사용하여 실생활 문장을 만들어 봅시다.

주말/아침/일어나다　　　　　　週末/朝/起きる

➡ 주말에는 아침 9시에 일어난다.

언니/매일 아침/빵/먹다　　　　姉/毎朝/パン/食べる

➡ 언니는 매일 아침 빵을 먹는다.

매일 밤/~까지/공부하다　　　　毎晩/~まで/勉強する

➡ 매일 밤 12시까지 공부한다.

정답 개수 ☐ / 15

1 다음 우리말에 알맞은 동사를 연결해 보세요.

① 보다　•　　　　　• A　ねる

② 자다　•　　　　　• B　みる

③ 먹다　•　　　　　• C　する

④ 하다　•　　　　　• D　たべる

2 다음 빈칸에 알맞은 히라가나를 넣어 보세요.

① 이름을 외우다.　　　なまえを ☐☐☐☐ 。

② 아침 7시에 일어난다.　朝7時に ☐☐☐ 。

③ 택시가 온다.　　　　タクシーが ☐☐ 。

3 다음 단어의 읽는 법을 고르고, 밑줄에 뜻을 써 보세요.

① 着る   A きる   B おきる   _____

② 寝る   A ねる   B いる   _____

③ 考える   A おぼえる   B かんがえる _____

4 다음 단어에 맞는 한자를 고르고, 밑줄에 뜻을 써 보세요.

① くる   A 来る   B 狭る   _____

② おきる   A 走きる   B 起きる   _____

③ たべる   A 食べる   B 飲べる   _____

JLPT N5 기출 유형 맛보기

5 ____의 단어를 히라가나로 어떻게 씁니까? 1·2·3·4 중 가장 올바른 것을 하나 고르세요.

① 明日は友だちと映画を見る。 내일은 친구와 영화를 본다.

　1 ねる   2 きる   3 いる   4 みる

② 日よう日は10時に起きる。 일요일은 10시에 일어난다.

　1 しきる   2 こきる   3 おきる   4 つきる

한 줄 여행 일본어

현지 백화점 코너 어휘, 잠깐 체크해 볼까요?

食料品 식료품 | ファッション 패션 | 雑貨 잡화 | 化粧品 화장품 | レストラン街 식당가

학습 체크인 | DATE

Day 33

友達(ともだち)が来(く)る。
친구가 오다.

예외 1그룹 동사를 마스터하고 동사를 총정리한다.

- 예외 1그룹 동사 익히기
- 동사 총정리

STEP 1 진짜자 일본어 준비물 체크하기

예외 1그룹 동사의 의미를 이해하고, 어휘를 사용해 말해 봅시다.

☐ 예외 1그룹 동사

예외 1그룹 동사란? 형태는 2그룹 동사이지만, 예외적으로 1그룹에 속하는 동사를 말합니다. 일상생활에서 자주 사용하는 예외 1그룹 동사는 많지 않아서 외워 두면 좋습니다.

구분	예외 1그룹 동사 사전형	따라 써 보기
い단 + る	切(き)る 자르다/끊다	切る
	入(はい)る 들어가다/들어오다	入る
	知(し)る 알다	知る
	走(はし)る 달리다	走る
え단 + る	帰(かえ)る 돌아가다/돌아오다	帰る
	減(へ)る 줄다	減る
	しゃべる 수다떨다	しゃべる
	すべる 미끄러지다	すべる

1

 **체크리스트** 동사 총정리

동사를 그룹별로 다시 한번 정리해 봅시다.

그룹	동사 구분하는 법	사전형 예
1그룹	う단으로 끝나는 동사 단, 「る」 앞의 음이 あ・う・お단인 동사	会う 만나다 ｜ 行く 가다 ｜ 分かる 알다 ｜ 売る 팔다 ｜ 乗る 타다
	예외 1그룹 동사	切る 자르다 ｜ 帰る 돌아오(가)다
2그룹	「る」로 끝나고 「る」 앞의 음이 い・え단인 동사	見る 보다 ｜ 食べる 먹다
3그룹	단 두 개뿐인 불규칙 동사	来る 오다
		する 하다

 **STEP 2** 일본어 연습하기

쓰기 읽기 말하기

다음 단어를 사용하여 실생활 문장을 만들어 봅시다.

아버지/매일 저녁/돌아오다 　　　父/毎晩/帰る

➡ 아버지는 매일 저녁 7시에 돌아온다. 　　父は毎晩7時に帰る。

가위로/종이/자르다 　　　はさみで/紙/切る

➡ 가위로 종이를 자른다. 　　はさみで紙を切る。

그녀/영어로/수다떨다 　　　彼女/英語で/しゃべる

➡ 그녀와는 영어로 수다떤다. 　　彼女とは英語でしゃべる。

그/매일/공원/달리다 　　　彼/毎日/公園/走る

➡ 그는 매일 공원을 달린다. 　　彼は毎日公園を走る。

STEP 3  일본어 여행하기

정답 개수 ☐ / 15

1 다음 우리말에 알맞은 동사를 연결해 보세요.

① 돌아오다 •   • A   しる

② 자르다   •   • B   きる

③ 달리다   •   • C   かえる

④ 알다   •   • D   はしる

2 다음 동사를 1그룹, 2그룹, 3그룹으로 분류해 보세요.

보기
入る 들어가(오)다 ┃ 買う 사다 ┃ 見る 보다 ┃ する 하다 ┃ 待つ 기다리다 ┃ 遊ぶ 놀다 ┃
寝る 자다 ┃ 住む 살다 ┃ 知る 알다 ┃ 売る 팔다 ┃ 来る 오다 ┃ 帰る 돌아오(가)다 ┃
食べる 먹다 ┃ すべる 미끄러지다

① 1그룹	② 2그룹	③ 3그룹

3 다음 빈칸에 알맞은 히라가나를 넣어 보세요.

① 일본어 공부를 <u>하다</u>.   日本語の勉強を ☐☐ 。

② 친구가 <u>오다</u>   友達が ☐☐ 。

③ 같이 요리<u>하다</u>.   一緒に料理 ☐☐ 。

4 다음 단어의 읽는 법을 고르고, 밑줄에 뜻을 써 보세요.

① 入る　　A きる　　B はいる　　_____

② 減る　　A へる　　B くる　　_____

③ 知る　　A きる　　B しる　　_____

JLPT N5 기출 유형 맛보기

5 (　　) 무엇을 넣습니까? 1·2·3·4 중 가장 올바른 것을 하나 고르세요.

① 田中さんは毎日公園を(　　　)。 다나카 씨는 매일 공원을 달린다.

1 かえる　　2 はしる　　3 あそぶ　　4 さむく

② ナイフで肉を(　　　)。 칼로 고기를 자른다.

1 たべる　　2 きる　　3 へる　　4 うる

정답은 정답 체크 7p에서 확인하세요!

한 줄 여행 일본어

현지 전철 승강장에서 열차를 기다리다 보면 전광판이나 안내방송으로 普通(ふつう)나 急行(きゅうこう)라는 표현을 접할 수 있는데요. 여기서 普通(ふつう)는 직역하면 '보통'이지만 실은 모든 역에 다 정차하는 열차를 뜻합니다.
急行(きゅうこう)는 '급행'이란 의미로 비교적 큰 역이나 환승이 가능한 주요 역에 정차하는 열차를 의미해요.
당황해서 엉뚱한 열차를 타거나 목적지를 지나치는 일이 생길 수 있는데, 차이를 잘 알아 두면 걱정 없겠죠?

Day 34

きれいに片付ける。
깨끗하게 정리하다.

な형용사와 い형용사의 부사형을 마스터한다.

체크리스트

 な형용사를 부사 형태로 만들기

 い형용사를 부사 형태로 만들기

 조사「を」를 배우고 활용하기

STEP 1 | 신저자 일본어 준비물 체크하기

형용사를 부사형으로 바꾸는 방법을 익히고, 동사를 더 자세하게 표현해 보세요.

체크리스트 ~に ~하게
な형용사だ + に + 동사

형용사를 부사 형태로 바꾸어 동사를 꾸며줄 수 있습니다. な형용사의 경우에는 끝「だ」를「に」로 바꾸고 동사를 붙입니다.

きれいに片付ける。	깨끗하게 정리하다.
簡単に作る。	간단하게 만들다.
静かにする。	조용히 하다.

단어
- きれいだ 깨끗하다
- 片付ける 정리하다
- 簡単だ 간단하다
- 作る 만들다
- 静かだ 조용하다

공공시설 등에 부착된 주의 문구에서도 부사형 표현을 자주 볼 수 있습니다.

예) トイレはきれいに使いましょう！ 화장실은 깨끗이 사용합시다!
しずかにしようね！ 조용히 하자!
紙を大切に！ 종이(휴지)를 소중히!

 **~く   ~하게**
い형용사い + く + 동사

い형용사는「い」를「く」로 바꾸고 동사를 붙여 주면 됩니다.

おいしく食べる。　　　　　　　　맛있게 먹다.
早く起きる。　　　　　　　　　　일찍 일어나다.
強く押す。　　　　　　　　　　　세게 밀다.

단어
おいしい　맛있다
早い　이르다, 빠르다
強い　세다, 강하다
押す　밀다

 **~を   ~을/를**
명사 + を

조사「を」는 '~을/를'이라는 의미로 뒤에 붙는 동사의 목적이나 대상을 표현합니다.

部屋を片付ける。　　　　　　　　방을 정리하다.
料理を作る。　　　　　　　　　　요리를 만들다.
ご飯をおいしく食べる。　　　　　밥을 맛있게 먹다.
ドアを強く押す。　　　　　　　　문을 세게 밀다.

단어
部屋　방
料理　요리
ご飯　밥
ドア　문

STEP 2 진짜자 일본어 연습하기

쓰기　읽기　말하기

 다음 단어를 사용하여 실생활 문장을 만들어 봅시다.

방/깨끗하다/정리하다　　　　　　部屋/きれいだ/片付ける

➡ 방을 깨끗이 정리한다.　　　　　部屋をきれいに片付ける。

햄버그스테이크/맛있다/만들다　　ハンバーグ/おいしい/作る

➡ 햄버그스테이크를 맛있게 만든다.　ハンバーグをおいしく作る。

STEP 3  일본어 여행하기

정답 개수 ☐ / 15

1 주어진 な형용사의 형태를 바꾸어 문장을 완성해 보세요.

① きれいだ ➡ _____ 掃除する
   깨끗하다   깨끗하게   청소하다

② まじめだ ➡ _____ 勉強する
   성실하다   성실하게   공부하다

③ 簡単だ ➡ _____ 作る
   간단하다   간단하게   만들다

④ 静かだ ➡ _____ 寝る
   조용하다   조용히   자다

2 주어진 い형용사의 형태를 바꾸어 문장을 완성해 보세요.

① おいしい ➡ _____ 食べる
   맛있다   맛있게   먹다

② 短い ➡ _____ 切る
   짧다   짧게   자르다

③ 甘い ➡ _____ 作る
   달다   달게   만들다

④ 楽しい ➡ _____ 遊ぶ
   즐겁다   즐겁게   놀다

3 다음을 읽고 틀린 곳을 찾아 ○로 표시하고, 올바르게 고쳐 보세요.

① 静かな食べる。 조용하게 먹는다. ➡ _____

② きれく片付ける。 깨끗이 정리하다. ➡ _____

③ うるさいく話す。 시끄럽게 이야기한다. ➡ _____

4 우리말에 맞게 순서대로 배열하여 써 보세요.

① まじめに　する　を　宿題　　성실하게 숙제를 하다.

➡ _____。

② やすく　コーヒー　を　売る　　커피를 싸게 판다.

➡ _____。

JLPT N5 기출 유형 맛보기

5 다음 문장의 (　　)에 들어갈 것으로 가장 적당한 것을 1·2·3·4에서 하나 고르세요.

① 森さんはタイ料理(　　)おいしく作る。 모리 씨는 태국 음식을 맛있게 만든다.

 1 で　　　2 が　　　3 を　　　4 に

② 電車の中では(　　)話す。 전철 안에서는 조용히 이야기한다.

 1 しずかで　　2 しずかに　　3 しずかな　　4 しずかだ

정답은 정답 체크 8p에서 확인하세요!

한 줄 여행 일본어

식당에서 점원에게 따뜻한 물 혹은 차가운 물을 주문하려고 해요. 어떤 표현이 떠오르세요?
물론 우리말 그대로 직역해서 温かい水와 冷たい水라고 말해도 충분히 의미는 전달되지만
현지 사람들은 한 단어로 짧게 줄여서 뜨거운 물은 お湯, 차가운 물은 お冷라고 표현하기도 한답니다.
자 그럼 점원에게 네이티브처럼 말해 볼까요?

학습 체크인 | DATE

歌手(かしゅ)になる。
가수가 되다.

동사 「なる」를 활용하여 변화 표현을 마스터한다.

 「명사 + なる」 표현 익히기

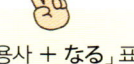 「な형용사 + なる」 표현 익히기

 「い형용사 + なる」 표현 익히기

 체크리스트

STEP 1 진짜! 일본어 준비물 체크하기

 동사 「なる」를 활용하여 변화 표현을 만들고 자유롭게 말해 봅시다.

 전체음원

 체크리스트

～になる ～이/가 되다
명사 + に + なる

「なる」는 '되다'라는 뜻의 동사입니다. 명사에 「～になる」를 접속해, '～이/가 되다'라는 변화 표현을 만들 수 있습니다. 조사는 「が」가 아닌 「に」를 사용한다는 것에 주의해야 합니다.

先生(せんせい)になる。 선생님이 되다.
歌手(かしゅ)になる。 가수가 되다.
大人(おとな)になる。 어른이 되다.

단어
先生(せんせい) 선생님
歌手(かしゅ) 가수
大人(おとな) 어른

 명사에 「～になる」가 접속하면 '～이/가 되다'라는 의미가 되지만 「横(よこ)になる (눕다, 자다)」처럼 관용적으로 쓰이는 표현도 있습니다. 관용적인 표현은 등장할 때마다 체크하여 대화할 때 사용해 보세요.

 **〜になる　〜하게 되다/〜해지다**
な형용사だ + に + なる

な형용사의 「だ」을 「に」로 바꾸고, 「なる」를 접속하면 '〜하게 되다', '〜해지다'라는 변화 표현이 됩니다.

元気になる。	건강해지다.	**단어**
静かになる。	조용해지다.	元気だ 건강하다
ひまになる。	한가해지다.	静かだ 조용하다
		ひまだ 한가하다

 **〜くなる　〜하게 되다/〜해지다**
い형용사い + く + なる

い형용사는 「い」를 「く」로 바꾸고, 「なる」를 접속하면 '〜하게 되다', '〜해지다'라는 변화 표현이 됩니다.

安くなる。	저렴해지다.	**단어**
大きくなる。	커지다.	安い 싸다
暑くなる。	더워지다.	大きい 크다
		暑い 덥다

 **STEP 2 진짜자 일본어 연습하기**　　쓰기　읽기　말하기

 다음 단어를 사용하여 실생활 문장을 만들어 봅시다.

유명하다/마라톤/선수/되다　　　有名だ/マラソン/選手/なる

➡ 유명한 마라톤 선수가 되다.　　　✏ 有名なマラソン選手になる。

더/예쁘다/지다　　　もっと/きれいだ/なる

➡ 더 예뻐지다.　　　もっときれいになる。

점점/바쁘다/지다　　　どんどん/忙しい/なる

➡ 점점 바빠지다.　　　どんどん忙しくなる。

 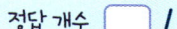

STEP 3 일본어 여행하기

정답 개수 ☐ / 15

1 다음 빈칸에 들어갈 히라가나를 써 보세요.

① 大人(おとな) ☐ なる。   어른이 되다.

② 甘(あま) ☐ なる。   달콤해지다.

③ ひま ☐ なる。   한가해지다.

2 주어진 い형용사의 형태를 바꾸어 문장을 완성해 보세요.

① あたたかい ➡ _____ なる
   따뜻하다   따뜻해   지다

② 暑(あつ)い ➡ _____ なる
   덥다   더워   지다

③ すずしい ➡ _____ なる
   서늘하다   서늘해   지다

④ 寒(さむ)い ➡ _____ なる
   춥다   추워   지다

3 다음 보기의 어휘를 참고하여 우리말에 맞게 일본어로 작문해 보세요.

보기   회사원 会社員(かいしゃいん) | 유명하다 有名(ゆうめい)だ | 능숙하다 上手(じょうず)だ

① 회사원이 되다.   ➡ _____ 。

② 유명해지다.   ➡ _____ 。

③ 능숙해지다.   ➡ _____ 。

4 다음을 읽고 틀린 곳을 찾아 ○로 표시하고, 올바르게 고쳐 보세요.

❶ 元気でする。　　➡　_____
　건강해지다.

❷ きれくする。　　➡　_____
　깨끗해지다.

❸ 大学生がなる。　➡　_____
　대학생이 되다.

JLPT N5 기출 유형 맛보기

5 다음 문장의 (　)에 들어갈 것으로 가장 적당한 것을 1·2·3·4에서 하나 고르세요.

❶ 明日から寒(　　)なる。 내일부터 추워진다.

　1 に　　　2 く　　　3 で　　　4 が

❷ 彼は歌が上手で有名な歌手(　　)。
　그는 노래를 잘해서 유명한 가수가 될 것이다.

　1 がする　　2 にする　　3 がなる　　4 になる

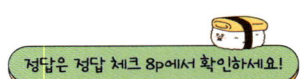
정답은 정답 체크 8p에서 확인하세요!

한 줄 여행 일본어

일본 전철역 근처에는 立ち食いそば(서서 먹는 메밀국수) 가게를 어렵지 않게 볼 수 있는데요. 서 있는 채로 음식을 먹는다는 게 많이 불편하게 보이지만 주로 전철로 출퇴근하는 현지 직장인이나 학생들에게는 빠르고 간편하게 허기진 배를 채워주는 소중한 존재랍니다. 200엔 이내의 기본 메밀국수부터 튀김 등 각종 토핑이 올라간 400~500엔대 국수까지 다양한 메뉴를 맛볼 수 있으니 살짝 들러 현지 감성을 느껴 보면 어떨까요?

Day 36

本を読みます。
책을 읽습니다.

학습 체크인 | DATE

1그룹 동사 ます형을 마스터한다.

 1그룹 동사 ます형 익히기   1그룹 동사 「ません」 표현 익히기

STEP 1 · 일본어 준비물 체크하기

1그룹 동사의 정중 표현을 익히고, 앞으로 일어날 일들을 말해 봅시다.

1그룹 동사의 ます형   ~습니다, ~합니다
う단 ➡ い단 + ます

명사와 형용사를 정중하게 말할 때는 「です(~입니다)」를 붙이지만, 동사의 경우는 「ます」를 붙여 '~습니다/합니다'라고 표현합니다. 동사의 정중한 긍정 표현을 ます형이라고도 말하며, 1그룹 동사의 ます형은 동사 사전형 う단을 い단으로 바꾸고 「ます」를 연결하면 됩니다.

사전형	정중한 긍정 표현(ます형)	따라 써 보기
会う 만나다	会い + ます 만납니다	会います
書く 쓰다	書き + ます 씁니다	書きます
泳ぐ 헤엄치다	泳ぎ + ます 헤엄칩니다	泳ぎます
話す 이야기하다	話し + ます 이야기합니다	話します
待つ 기다리다	待ち + ます 기다립니다	待ちます
死ぬ 죽다	死に + ます 죽습니다	死にます
呼ぶ 부르다	呼び + ます 부릅니다	呼びます

読む 읽다	読み + ます 읽습니다	読みます
乗る 타다	乗り + ます 탑니다	乗ります
 切る 자르다	切り + ます 자릅니다	切ります
 帰る 돌아가다/돌아오다	帰り + ます 돌아갑니다/돌아옵니다	帰ります

> 「~ます」의 의문 표현은 뒤에 「か」를 붙여서 「~ますか(~입니까?/합니까?)」가 됩니다. 또한 「~ます」의 경우, '~입니다/합니다' 뿐만 아니라 '~할 겁니다', '~하겠습니다'와 같이 미래의 뉘앙스도 포함되어 있습니다.

체크리스트 ~ません ~하지 않습니다
ます ➡ ません

동사의 정중한 부정 표현 '~하지 않습니다'는 「ます」를 「ません」으로 바꾸면 됩니다. 접속 형태는 「ます」를 붙일 때와 동일합니다.

정중한 긍정 표현(ます)	정중한 부정 표현(ません)	따라 써 보기
会います 만납니다	会いません 만나지 않습니다	会いません
書きます 씁니다	書きません 쓰지 않습니다	書きません
泳ぎます 헤엄칩니다	泳ぎません 헤엄치지 않습니다	泳ぎません
話します 이야기합니다	話しません 이야기하지 않습니다	話しません
待ちます 기다립니다	待ちません 기다리지 않습니다	待ちません
死にます 죽습니다	死にません 죽지 않습니다	死にません
呼びます 부릅니다	呼びません 부르지 않습니다	呼びません
読みます 읽습니다	読みません 읽지 않습니다	読みません
乗ります 탑니다	乗りません 타지 않습니다	乗りません
예외1그룹! 切ります 자릅니다	切りません 자르지 않습니다	切りません
예외1그룹! 帰ります 돌아갑니다/돌아옵니다	帰りません 돌아가지 않습니다/돌아오지 않습니다	帰りません

STEP 2 일본어 연습하기

쓰기 ☐ 읽기 ☐ 말하기 ☐

다음 단어를 사용하여 실생활 문장을 만들어 봅시다.

일요일/책/읽다

日曜日/本/読む

➡ 일요일에는 책을 읽습니다.

비밀/이야기하다

ひみつ/話す

➡ 비밀은 이야기하지 않습니다.

STEP 3 일본어 여행하기

정답 개수 ☐ / 15

1 다음 빈칸에 알맞은 히라가나를 넣어 보세요.

① 기다립니다   待☐ます
② 읽습니다   読☐ます
③ 탑니다   乗☐ます
④ 죽습니다   死☐ます

2 다음 동사를 보고 우리말 의미에 맞게 바꿔 보세요.

① 書く ➡ _____ ➡ _____
   쓰다   씁니다   쓰지 않습니다

② 呼ぶ ➡ _____ ➡ _____
   부르다   부릅니다   부르지 않습니다

③ 切る ➡ _____ ➡ _____
   자르다   자릅니다   자르지 않습니다

④ 乗る ➡ _____ ➡ _____
   타다   탑니다   타지 않습니다

3 우리말에 맞게 순서대로 배열하여 써 보세요.

① 本　週末には　読みます　を　　주말에는 책을 읽습니다.
➡ _____ 。

② 会いません　友だちに　は　明日　　내일은 친구를 만나지 않습니다.
➡ _____ 。

4 다음 보기의 단어를 활용해 빈칸에 알맞은 히라가나를 넣어 보세요.

보기 　帰る 돌아가(오)다 ｜ 乗る 타다 ｜ 行く 가다

① 今日は夜7時に家へ帰 □□□ 。　오늘은 저녁 7시에 집에 돌아갈 겁니다.

② 毎朝、電車で会社へ行 □□□ 。　매일 아침 전철로 회사에 갑니다.

③ 毎週日曜日は自転車に乗 □□□ 。　매주 일요일에는 자전거를 탑니다.

JLPT N5 기출 유형 맛보기

5 (　) 무엇을 넣습니까? 1·2·3·4 중 가장 올바른 것을 하나 고르세요.

① 私は毎朝バスを(　　　)。 저는 매일 아침 버스를 기다립니다.

　1 会います　　2 帰ります　　3 行きます　　4 待ちます

② アメリカの友だちに手紙を(　　　)。 미국에 있는 친구에게 편지를 씁니다.

　1 読みます　　2 書きます　　3 行きます　　4 話します

정답은 정답 체크 8p에서 확인하세요!

Day 37

6時に起きます。
6시에 일어납니다.

2그룹 동사 ます형을 마스터한다.

 2그룹 동사 ます형 익히기   2그룹 동사 「ません」 표현 익히기

STEP 1 · 진짜 일본어 준비물 체크하기

✈ 2그룹 동사의 정중한 긍정 표현을 익히고, 앞으로 일어날 일들을 말해 봅시다.

2그룹 동사의 ます형   ~습니다, ~합니다
る + ます

2그룹 동사의 ます형은 사전형 끝의 「る」를 떼고 「ます」를 연결하면 됩니다. 「~ます」는 '~습니다, ~합니다' 외에도 '~할 겁니다, ~하겠습니다'와 같은 미래의 뉘앙스도 포함하고 있습니다.

사전형	정중한 긍정 표현(ます형)	따라 써 보기
見る 보다	見 + ます 봅니다	
着る 입다	着 + ます 입습니다	
起きる 일어나다	起き + ます 일어납니다	
食べる 먹다	食べ + ます 먹습니다	
寝る 자다	寝 + ます 잡니다	
覚える 외우다	覚え + ます 외웁니다	
教える 가르치다	教え + ます 가르칩니다	

 **~ません　~하지 않습니다**
ます ➡ ません

동사의 정중한 부정 표현은 '~하지 않습니다'라는 의미로, 「ます」를 「ません」으로 바꾸면 됩니다. 접속 형태는 「ます」를 붙일 때와 동일합니다.

정중한 긍정 표현(ます)	정중한 부정 표현(ません)	따라 써 보기
見ます 봅니다	見ません 보지 않습니다	見ません
着ます 입습니다	着ません 입지 않습니다	着ません
起きます 일어납니다	起きません 일어나지 않습니다	起きません
食べます 먹습니다	食べません 먹지 않습니다	食べません
寝ます 잡니다	寝ません 자지 않습니다	寝ません
覚えます 외웁니다	覚えません 외우지 않습니다	覚えません
教えます 가르칩니다	教えません 가르치지 않습니다	教えません

STEP 2 진짜자 일본어 연습하기

쓰기　읽기　말하기

다음 단어를 사용하여 실생활 문장을 만들어 봅시다.

매일 아침/과일/먹다
毎朝/果物/食べる
➡ 매일 아침 과일을 먹습니다.
毎朝果物を食べます。

커피/마시다
コーヒー/飲む
➡ 커피는 마시지 않습니다.
コーヒーは飲みません。

다음 주/영화/보다
来週/映画/見る
➡ 다음 주 영화를 볼 겁니다.
来週映画を見ます。

STEP 3  일본어 여행하기 정답 개수 ☐ / 15

1 다음 빈칸에 알맞은 히라가나를 넣어 보세요.

① 일어납니다 　　起[お]☐ます

② 잡니다 　　☐ます

③ 봅니다 　　☐ます

④ 가르칩니다 　　教[おし]☐ます

2 다음 동사를 보고 우리말 의미에 맞게 바꿔 보세요.

① 出[で]る ➡ 　　　　➡
　　나가다 　　　　　나갑니다 　　　　　나가지 않습니다

② 覚[おぼ]える ➡ 　　　　➡
　　외우다 　　　　　외웁니다 　　　　　외우지 않습니다

③ 着[き]る ➡ 　　　　➡
　　입다 　　　　　입습니다 　　　　　입지 않습니다

④ 食[た]べる ➡ 　　　　➡
　　먹다 　　　　　먹습니다 　　　　　먹지 않습니다

3 다음 우리말에 맞는 올바른 표현을 A와 B 중에서 골라 보세요.

① 밤 11시에 잡니다.
　➡ 夜[よる]11時[じ]に(A 寝[ね]ます　B 寝[ね]ません)。

② 드라마는 보지 않습니다.
　➡ ドラマは(A 見[み]ます　B 見[み]ません)。

4 다음을 읽고 보기의 단어를 활용해 대화를 완성해 보세요.

보기   起きる 일어나다 ┃ 食べる 먹다 ┃ 寝る 자다

朝は何時ぐらいに ① _____ か。   아침에는 몇 시 정도에 일어납니까?

6時30分ぐらいです。   6시 30분 정도입니다.

朝ご飯は ② _____ か。   아침 밥은 먹습니까?

いいえ、朝ご飯は ③ _____ 。   아니오. 아침 밥은 먹지 않습니다.

JLPT N5 기출 유형 맛보기

5 ( )무엇을 넣습니까? 1·2·3·4 중 가장 올바른 것을 하나 고르세요.

① 森さんは大学で韓国語を( )。 모리 씨는 대학교에서 한국어를 가르칩니다.

1 読みます   2 教えます   3 行きます   4 見ます

② 田中さんは白い服を( )。 다나카 씨는 흰옷을 입지 않습니다.

1 見ません   2 寝ません   3 着ません   4 帰りません

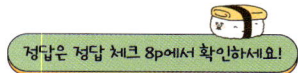

한 줄 여행 일본어

현지 드럭 스토어에서 써 볼 수 있는 어휘, 잠깐 체크해 볼까요?

目薬 안약 ┃ コットン 화장솜 ┃ つけまつげ 인공 속눈썹 ┃ 洗顔フォーム 클렌징폼 ┃ 湿布薬 파스

Day 38

いつ来ますか。
언제 옵니까?

3그룹 동사 ます형을 마스터한다.

 3그룹 동사 ます형 익히기
 3그룹 동사 「ません」 표현 익히기
 동사의 ます형 총정리

STEP 1 일본어 준비물 체크하기

3그룹 동사의 정중한 긍정 표현을 익히고, 앞으로 일어날 일에 대해 자유롭게 말해 봅시다.

3그룹 동사의 ます형   ~습니다, ~합니다
불규칙 활용

3그룹 동사의 ます형은 규칙이 없이 불규칙으로 활용되므로 통째로 외워 둡시다.

사전형	정중 표현(ます형)	따라 써 보기
来る 오다	来ます 옵니다	来ます
する 하다	します 합니다	します

~ません   ~하지 않습니다
ます ➡ ません

3그룹 동사의 정중한 부정 표현도 「ます」를 「ません」으로 바꾸면 '하지 않습니다', '오지 않습니다'가 됩니다.

정중한 긍정 표현(ます)	정중한 부정 표현(ません)	따라 써 보기
来ます 옵니다	来ません 오지 않습니다	来ません
します 합니다	しません 하지 않습니다	しません

 체크리스트 — 동사 ます형 총정리

동사의 정중한 긍정 표현(ます형)을 그룹별로 정리해 봅시다.

그룹	ます형 접속 방법	ます형 예
1그룹	う단을 い단으로 바꾸고 「ます」 연결	会う ➡ 会います　만납니다 行く ➡ 行きます　갑니다 話す ➡ 話します　이야기합니다 売る ➡ 売ります　팝니다 帰る ➡ 帰ります　돌아옵(갑)니다
2그룹	「る」 떼고 「ます」 연결	見る ➡ 見ます　봅니다
3그룹	불규칙 활용	来る ➡ 来ます　옵니다 する ➡ します　합니다

 체크리스트 확인 완료!

STEP 2 진짜 일본어 연습하기

쓰기　읽기　말하기

 다음 단어를 사용하여 실생활 문장을 만들어 봅시다.

야마다 씨/혼자서/한국/오다　　山田さん/一人で/韓国/来る
➡ 야마다 씨는 혼자서 한국에 옵니다.　 山田さんは一人で韓国に来ます。

회사/까지/전철로/가다　　会社/まで/電車で/行く
➡ 회사까지 전철로 갑니다.　会社まで電車で行きます。

주말/친구/공부/하다　　週末/友だち/勉強/する
➡ 주말에는 친구와 공부를 합니다.　週末には友だちと勉強をします。

STEP 3 진짜 일본어 여행하기

정답 개수 ☐ / 15

1 다음 빈칸에 알맞은 히라가나를 넣고, 몇 그룹 동사인지 구분해 보세요.

① 합니다 ☐ます ☐그룹

② 옵니다 ☐ます ☐그룹

③ 돌아옵니다 ☐☐☐ます ☐그룹

④ 갑니다 ☐☐ます ☐그룹

2 다음 동사를 보고 우리말에 맞게 바꿔 보세요.

① 売る ➡　　　　　➡
　　팔다　　　　팝니다　　　　팔지 않습니다

② 見る ➡　　　　　➡
　　보다　　　　봅니다　　　　보지 않습니다

③ する ➡　　　　　➡
　　하다　　　　합니다　　　　하지 않습니다

④ くる ➡　　　　　➡
　　오다　　　　옵니다　　　　오지 않습니다

3 올바른 표현을 A와 B 중에서 골라 보세요.

① 매일 6시에 회사에 갑니다.
➡ 毎日6時に会社へ (A 行きます　B します)。

② 오늘 야마다 씨는 오지 않습니다.
➡ 今日山田さんは (A 行きません　B 来ません)。

4 다음을 읽고 보기의 단어를 활용해 대화를 완성해 보세요.

보기 する 하다 | 行く 가다 | 来る 오다

今日は何を ❶ _____ か。 오늘은 무엇을 합니까?

カフェに ❷ _____ 。 카페에 갑니다.

友達も来ますか。 친구도 옵니까?

いいえ、❸ _____ 。 아니요, 오지 않습니다.

JLPT N5 기출 유형 맛보기

5 다음 문장의 ★ 에 들어갈 것으로 가장 적당한 것을 1·2·3·4에서 하나 고르세요.

❶ 私は毎日父の ____ ____ ★ ____ 行きます。 저는 매일 아버지의 차로 학교에 갑니다.

 1 学校   2 車   3 で   4 に

❷ マリさん ____ ★ ____ ____ 来ます。 마리 씨는 다음 달 미국에서 옵니다.

 1 アメリカ   2 来月   3 は   4 から

정답은 정답 체크 8p에서 확인하세요!

한 줄 여행 일본어

현지 카페에서 유용하게 쓸 수 있는 어휘, 잠깐 체크해 볼까요?

ガムシロップ 설탕시럽 | ホイップクリーム 휘핑크림 | 氷なし(氷抜き) 얼음 뺌 | 持ち帰り 테이크아웃

Day 39

학습 체크인 | DATE

すしを食(た)べました。
초밥을 먹었습니다.

동사 ます의 과거 긍정 표현·과거 부정 표현을 마스터한다.

- 「ます」의 과거 긍정 표현 익히기
- 「ます」의 과거 부정 표현 익히기

STEP 1 진짜 일본어 준비물 체크하기

ます의 과거 긍정 표현, 과거 부정 표현을 익혀서 지난 일들에 대해 말해 봅시다.

체크리스트
~ました   ~했습니다
ます ➡ ました

동사의 정중한 과거 긍정 표현은 '~했습니다'라는 뜻으로 「ます」를 「ました」로 바꾸면 됩니다.

정중한 긍정 표현(ます)	정중한 과거 긍정 표현(ました)	따라 써 보기
会(あ)います 만납니다	会(あ)いました 만났습니다	会いました
書(か)きます 씁니다	書(か)きました 썼습니다	書きました
泳(およ)ぎます 헤엄칩니다	泳(およ)ぎました 헤엄쳤습니다	泳ぎました
話(はな)します 이야기합니다	話(はな)しました 이야기했습니다	話しました
待(ま)ちます 기다립니다	待(ま)ちました 기다렸습니다	待ちました
死(し)にます 죽습니다	死(し)にました 죽었습니다	死にました
呼(よ)びます 부릅니다	呼(よ)びました 불렀습니다	呼びました
読(よ)みます 읽습니다	読(よ)みました 읽었습니다	読みました
乗(の)ります 탑니다	乗(の)りました 탔습니다	乗りました
예외1그룹! 帰(かえ)ります 돌아갑(옵)니다	帰(かえ)りました 돌아갔(왔)습니다	帰りました

見ます 봅니다	見ました 봤습니다	見ました
食べます 먹습니다	食べました 먹었습니다	食べました
寝ます 잡니다	寝ました 잤습니다	寝ました
来ます 옵니다	来ました 왔습니다	来ました
します 합니다	しました 했습니다	しました

~ませんでした ~하지 않았습니다
ません ➡ ませんでした

동사의 정중한 과거 부정 표현은 '~하지 않았습니다'라는 뜻으로「ません」뒤에「でした」를 붙입니다.

정중한 부정 표현(ません)	정중한 과거 부정 표현(ませんでした)	따라 써 보기
会いません 만나지 않습니다	会いませんでした 만나지 않았습니다	会いませんでした
書きません 쓰지 않습니다	書きませんでした 쓰지 않았습니다	書きませんでした
泳ぎません 헤엄치지 않습니다	泳ぎませんでした 헤엄치지 않았습니다	泳ぎませんでした
話しません 이야기하지 않습니다	話しませんでした 이야기하지 않았습니다	話しませんでした
待ちません 기다리지 않습니다	待ちませんでした 기다리지 않았습니다	待ちませんでした
死にません 죽지 않습니다	死にませんでした 죽지 않았습니다	死にませんでした
呼びません 부르지 않습니다	呼びませんでした 부르지 않았습니다	呼びませんでした
読みません 읽지 않습니다	読みませんでした 읽지 않았습니다	読みませんでした
乗りません 타지 않습니다	乗りませんでした 타지 않았습니다	乗りませんでした
예외1그룹! 帰りません 돌아가(오)지 않습니다	帰りませんでした 돌아가(오)지 않았습니다	帰りませんでした
見ません 보지 않습니다	見ませんでした 보지 않았습니다	見ませんでした
食べません 먹지 않습니다	食べませんでした 먹지 않았습니다	食べませんでした
寝ません 자지 않습니다	寝ませんでした 자지 않았습니다	寝ませんでした
来ません 오지 않습니다	来ませんでした 오지 않았습니다	来ませんでした
しません 하지 않습니다	しませんでした 하지 않았습니다	しませんでした

STEP 2 일본어 연습하기

쓰기 □ 읽기 □ 말하기 □

✈ 다음 단어를 사용하여 실생활 문장을 만들어 봅시다.

지난주/스마트폰/사다　　　先週/スマホ/買う
➡ 지난주에 스마트폰을 샀습니다.

오늘 아침/아무것도/먹다　　今朝/何も/食べる
➡ 오늘 아침은 아무것도 먹지 않았습니다.

어제/회사/가다　　　　　　昨日/会社/行く
➡ 어제는 회사에 가지 않았습니다.

STEP 3 일본어 여행하기

정답 개수 □ / 15

[1] 다음 빈칸에 알맞은 히라가나를 넣어 보세요.

① 일어났습니다　　起□□□□
② 타지 않았습니다　乗□□□□□□
③ 봤습니다　　　　見□□□
④ 오지 않았습니다　来□□□□□
⑤ 만났습니다　　　会□□□□

[2] 다음 우리말에 맞게 올바른 표현을 A와 B 중에서 골라 보세요.

① 재미있는 영화를 봤습니다.
➡ おもしろい映画を（A 見ます　B 見ました）。

② 드라마는 보지 않았습니다.
➡ ドラマは（A 見ません　B 見ませんでした）。

3 다음 동사를 보고 우리말 의미에 맞게 바꿔 보세요.

① 待つ ➡ _____ ➡ _____ ➡ _____
　기다리다　　　기다립니다　　　기다리지 않습니다　　　기다리지 않았습니다

② 寝る ➡ _____ ➡ _____ ➡ _____
　자다　　　잡니다　　　자지 않습니다　　　자지 않았습니다

③ する ➡ _____ ➡ _____ ➡ _____
　하다　　　합니다　　　하지 않습니다　　　하지 않았습니다

4 우리말에 맞게 순서대로 배열하여 써 보세요.

① 母は　買いません　お菓子を　でした　　어머니는 과자를 사지 않았습니다.
➡ _____ 。

② 買いました　妹は　コーヒーを　ケーキと　　여동생은 케이크와 커피를 샀습니다.
➡ _____ 。

③ だれも　昨日は　でした　来ません　　어제는 아무도 오지 않았습니다.
➡ _____ 。

JLPT N5 기출 유형 맛보기

5 다음 문장의 ( )에 들어갈 것으로 가장 적당한 것을 1·2·3·4에서 하나 고르세요.

① 朝ご飯は何も(　　　)。 아침은 아무것도 먹지 않았습니다.

1 食べましたか　　2 食べました　　3 食べませんでした　　4 食べませんか

② 先週、デパートでくつを(　　　)。 지난주에 백화점에서 구두를 샀습니다.

1 買う　　2 買います　　3 買いません　　4 買いました

정답은 정답 체크 9p에서 확인하세요!

Day 40

ちょっと休みませんか。
잠깐 쉬지 않을래요?

권유·제안 표현을 마스터한다.

「〜ませんか」 표현으로 권유·제안하기

「〜ましょう」 표현으로 권유·제안하기

「〜ましょうか」 표현으로 권유·제안하기

STEP 1 : 일본어 준비물 체크하기

다양한 권유·제안 표현을 익혀서 상대방에게 말해 봅시다.

〜ませんか 〜하지 않을래요?
동사 ます형 + ませんか

「〜ませんか」는 '〜하지 않을래요?'라는 의미로 상대의 의향을 물을 때 사용하는 권유 표현입니다.

ちょっと休みませんか。	잠깐 쉬지 않을래요?
そろそろ始めませんか。	슬슬 시작하지 않을래요?
いっしょに昼ご飯食べませんか。	함께 점심 먹지 않을래요?

단어
- ちょっと 잠깐
- 休む 쉬다
- そろそろ 슬슬
- 始める 시작하다
- いっしょに 함께
- 昼ご飯 점심

> 「〜ます(〜합니다)」의 의문 표현 「〜ますか(〜합니까?)」는 단순히 물어보는 표현으로 무언가를 권유할 때는 사용하지 않습니다.
>
> 예) パーティーに行きますか。 ➡ 단순히 물어볼 때
>   파티에 갑니까?
>
>   パーティーに行きませんか。 ➡ 권유할 때
>   파티에 가지 않을래요?

～ましょう　～합시다
동사 ます형 + ましょう

「～ましょう」는 '~합시다, ~하시죠'라는 의미로, 상대의 의향을 묻기보다는 적극적으로 상대를 유도하여 함께 행동하도록 권유하는 표현입니다.

電車に乗りましょう。　　　　　전철을 탑시다.
写真をとりましょう。　　　　　사진을 찍읍시다.
また来ましょう。　　　　　　　또 옵시다.

단어
電車に乗る　전철을 타다
写真をとる　사진 찍다
また　또

～ましょうか　～할까요?
동사 ます형 + ましょうか

「～ましょう」에 의문사「か」를 붙이면 '~할까요?'라는 의미가 되며, 상대방을 위해서 무언가를 제안하는 표현입니다.

ドアを開けましょうか。　　　　문을 열까요?
エアコンをつけましょうか。　　에어컨을 켤까요?
タクシーを呼びましょうか。　　택시를 부를까요?

단어
開ける　(문을) 열다
つける　(전원을) 켜다
呼ぶ　부르다

 일본어 연습하기

쓰기　읽기　말하기

다음 단어를 사용하여 실생활 문장을 만들어 봅시다.

꽃구경/가다	花見/行く
➡ 꽃구경하러 가지 않을래요?	花見に行きませんか。
호텔 로비/만나다	ホテルのロビー/会う
➡ 호텔 로비에서 만납시다.	ホテルのロビーで会いましょう。
이것/복사하다	これ/コピーする
➡ 이거, 복사할까요?	これ、コピーしましょうか。

STEP 3  일본어 여행하기

 정답 개수 ☐ / 15

1 다음 빈칸에 알맞은 히라가나를 넣어 보세요.

① 가지 않을래요?　　行️いきませんか。

② 옵시다.　　来️きましょう。

③ 마실까요?　　飲️のみましょうか。

2 다음을 읽고 대화를 완성해 보세요.

たなか: 鈴木さん、二人でお酒でも ① ＿＿＿＿＿＿＿＿＿＿。
스즈키 씨, 둘이서 술이라도 마시지 않을래요?

すずき: すみません、お酒は弱くて…。
죄송합니다. 술은 약해서…

たなか: じゃ、映画を ② ＿＿＿＿＿＿＿＿＿＿。
그럼, 영화를 보지 않을래요?

すずき: いいですね、映画を ③ ＿＿＿＿＿＿＿＿＿＿。
좋아요. 영화를 봅시다.

3 우리말에 맞게 순서대로 배열하여 써 보세요.

① デザートを　食べません　カフェで　か　　카페에서 디저트를 먹지 않을래요?

➡ ＿＿＿＿＿＿＿＿＿＿＿＿＿＿＿＿＿＿＿＿＿＿＿＿＿＿＿＿＿＿＿＿＿。

② タクシーに　あそこで　乗りましょう　か　　저기에서 택시를 탈까요?

➡ ＿＿＿＿＿＿＿＿＿＿＿＿＿＿＿＿＿＿＿＿＿＿＿＿＿＿＿＿＿＿＿＿＿。

③ 宿題を　遊ぶ　しましょう　前に　　놀기 전에 숙제를 합시다.

➡ ＿＿＿＿＿＿＿＿＿＿＿＿＿＿＿＿＿＿＿＿＿＿＿＿＿＿＿＿＿＿＿＿＿。

4 그림을 보고「～ましょうか」를 활용하여 제안해 보세요.

❶ タクシーを呼ぶ　택시를 부르다
→ _____ 。
택시를 부를까요?

❷ 私が運転する　내가 운전하다
→ _____ 。
제가 운전할까요?

❸ 今晩、一杯飲む　오늘밤, 한잔 마시다
→ _____ 。
오늘밤, 한잔할까요?

❹ 田中さんに連絡する　다나카 씨에게 연락하다
→ _____ 。
다나카 씨에게 연락할까요?

JLPT N5 기출 유형 맛보기

5 다음 문장의 (　)에 들어갈 것으로 가장 적당한 것을 1·2·3·4에서 하나 고르세요.

❶ A：仕事の後、ビールでも(　　　)。 일 끝나고 맥주라도 마실까요?
　B：いいですね。 좋아요.

1 飲みません　2 飲みましたか　3 飲みます　4 飲みましょうか

❷ 林：日曜日のパーティーに森さんも(　　　)。 일요일 파티에 모리 씨도 오지 않을래요?
　森：いいですね。行きます。 좋아요. 갈게요.

1 来ます　2 来ませんか　3 来ましょうか　4 来ましょう

정답은 정답 체크 9p에서 확인하세요!

Day 41

학습 체크인 | DATE

ケーキが食(た)べたいです。
케이크를 먹고 싶습니다.

욕구나 강한 희망을 나타내는 표현을 마스터한다.

 「たい」의 현재 긍정 표현
 「たい」의 현재 부정 표현
 「たい」의 과거 긍정 표현
 「たい」의 과거 부정 표현

STEP 1 일본어 준비물 체크하기

희망 표현을 익혀서 원하는 것을 자유롭게 말해 봅시다.

~たい ~하고 싶다
동사의 ます형 + たい

「たい」는 '~하고 싶다'라는 의미로, 동사 ます형에 접속하여 행동의 욕구나 희망 등을 나타내는 표현입니다. 뒤에 「です」를 연결하면 정중한 표현이 됩니다.

今日(きょう)は家(いえ)で休(やす)みたい。   오늘은 집에서 쉬고 싶다.
早(はや)く結婚(けっこん)したいです。   빨리 결혼하고 싶습니다.

단어
休(やす)む 쉬다
早(はや)く 빨리
結婚(けっこん) 결혼

~たくない ~하고 싶지 않다
동사의 ます형 + たいくない

「たい」의 부정 표현 '~하고 싶지 않다'는 い형용사처럼 끝을 「く」로 바꾸고 「ない」를 붙입니다. 정중체 '~하고 싶지 않습니다'의 경우 「たくないです, たくありません」 둘 다 쓸 수 있습니다.

何(なに)も食(た)べたくないです。   아무것도 먹고 싶지 않습니다.
宿題(しゅくだい)はしたくありません。   숙제는 하고 싶지 않습니다.

단어
何(なに)も 아무것도
宿題(しゅくだい) 숙제

 **~たかった　~하고 싶었다**
동사의 ます형 + た~~い~~かった

「たい」의 과거 표현 '~하고 싶었다'는 끝 「い」를 「かった」로 바꿔 주면 됩니다. 정중체는 뒤에 「です」를 붙입니다. 또한 '~을(를) ~하고 싶다'의 '~을(를)'은 「が」 또는 「を」를 사용하면 됩니다. 주로 「が」를 많이 사용합니다.

コーヒーが飲みたかったです。　　　　커피를 마시고 싶었습니다.

これを買いたかったです。　　　　　　이걸 사고 싶었습니다.

단어
飲む 마시다
買う 사다

 **~たくなかった　~하고 싶지 않았다**
동사의 ます형 + た~~い~~くなかった

과거 부정 표현 '~하고 싶지 않았다'는 끝 「い」를 「くなかった」로 바꿔 줍니다. 정중체 '~하고 싶지 않았습니다'는 「たくなかったです, たくありませんでした」 둘 다 쓸 수 있습니다.

病院へ行きたくなかったです。　　　　병원에 가고 싶지 않았습니다.

彼と話したくありませんでした。　　　그와 이야기하고 싶지 않았습니다.

단어
病院 병원
話す 이야기하다

STEP 2　일본어 연습하기

쓰기　읽기　말하기

 다음 단어를 사용하여 실생활 문장을 만들어 봅시다.

주말/공부하다　　　　　　　　　　　週末/勉強する

➡ 주말에는 공부하고 싶지 않습니다.　　週末には勉強したくないです。

어제/라멘/먹다　　　　　　　　　　　昨日/ラーメン/食べる

➡ 어제는 라멘을 먹고 싶었습니다.　　　昨日はラーメンが食べたかったです。

빨리/결혼하다　　　　　　　　　　　早く/結婚する

➡ 빨리 결혼하고 싶지 않았습니다.　　　早く結婚したくなかったです。

STEP 3  일본어 여행하기

정답 개수 ☐ / 15

1 다음 빈칸에 알맞은 히라가나를 넣어 보세요.

① 飲む 마시다 ➡ 飲 ☐ たい 마시고 싶다

② 行く 가다 ➡ 行 ☐ た ☐ ない 가고 싶지 않다

③ 買う 사다 ➡ 買 ☐ ☐ かった 사고 싶었다

④ 食べる 먹다 ➡ 食 ☐ ☐ ☐ かった 먹고 싶지 않았다

2 보기와 같이 우리말 의미에 맞게 바꿔 보세요.

보기 会いたいです ➡ 会いたくないです, 会いたくありません
　　　만나고 싶습니다　　만나고 싶지 않습니다

① 読みたいです ➡ ＿＿＿＿＿＿, ＿＿＿＿＿＿
　읽고 싶습니다　　　　　　읽고 싶지 않습니다

② 休みたいです ➡ ＿＿＿＿＿＿, ＿＿＿＿＿＿
　쉬고 싶습니다　　　　　　쉬고 싶지 않습니다

③ 話したいです ➡ ＿＿＿＿＿＿, ＿＿＿＿＿＿
　이야기하고 싶습니다　　　이야기하고 싶지 않습니다

3 올바른 표현을 A와 B 중에서 골라 보세요.

① 아무것도 사고 싶지 않았습니다.
➡ 何も（A 買いたくなかったです　B 買いたくありません）。

② 그 뉴스는 보고 싶지 않았습니다.
➡ そのニュースは（A 見たくありませんでした　B 見たくないです）。

4 보기의 단어를 참고하여 다음 문장을 우리말로 해석해 보세요.

> **보기** 飲む 마시다 ┃ 部屋 방 ┃ そうじする 청소하다 ┃ 遊ぶ 놀다 ┃ パーティー 파티 ┃ 行く 가다

① コーヒーを飲みたいです。
➡ _____

② 部屋をそうじしたくありません。
➡ _____

③ 友だちと遊びたかったです。
➡ _____

④ パーティーに行きたくなかったです。
➡ _____

JLPT N5 기출 유형 맛보기

5 다음 문장의 ★ 에 들어갈 것으로 가장 적당한 것을 1·2·3·4에서 하나 고르세요.

① この ____ ____ ★ ____ です。 이 스커트는 비싸도 사고 싶습니다.

1 買いたい　　2 スカート　　3 高くても　　4 は

② 昨日は ____ ★ ____ ____ でした。 어제는 아파서 아무것도 먹고 싶지 않았습니다.

1 何も　　2 ありません　　3 食べたく　　4 痛くて

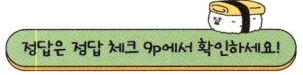

현지 옷 가게에서 써 볼 수 있는 어휘, 잠깐 체크해 볼까요?

メンズ(↔ウィメンズ) 남성복(↔여성복) ┃ 試着室 피팅룸 ┃ レジ 계산대 ┃ クレジットカード 신용카드

Day 42

音楽を聞きながら運動をします。
음악을 들으면서 운동을 합니다.

동시 동작 표현과 과도한 정도를 나타내는 표현을 마스터한다.

- 동시 동작 표현 익히기
- 과도한 정도를 나타내는 표현 익히기

STEP 1 | 일본어 준비물 체크하기

동사 ます형에 접속하는 표현을 익혀서 다양하게 말해 봅시다.

~ながら ~하면서
동사 ます형 + ながら

동사 ます형에 접속하는 「~ながら」는 '~하면서'라는 의미로, 한 사람이 두 개의 동작을 동시에 행할 때 사용하는 표현입니다.

散歩をしながら写真をとります。 산책을 하면서 사진을 찍습니다.
ポップコーンを食べながら映画を見ます。 팝콘을 먹으면서 영화를 봅니다.
音楽を聞きながら運動します。 음악을 들으면서 운동합니다.

단어
- 散歩 산책
- 写真 사진
- とる 찍다
- ポップコーン 팝콘
- 音楽 음악
- 聞く 듣다
- 運動する 운동하다

꿀팁! 「~ながら(~하면서)」는 앞뒤로 동작이 있을 경우 뒤에 오는 동작이 좀 더 강조되는 뉘앙스가 있습니다.

~すぎる 너무 ~하다
동사 ます형 + すぎる

동사 ます형에 접속하는 「~すぎる」는 '너무/지나치게 ~하다'라는 의미로, 정도가 과함을 나타낼 때 사용하는 표현입니다. 「すぎる」는 2그룹 동사이므로 정중 표현은 「すぎます」가 됩니다.

단어
おいしい 맛있다
お酒 술
飲む 마시다
お金 돈
使う 쓰다

おいしくて食べすぎました。　　맛있어서 과식했습니다.
お酒を飲みすぎました。　　　　과음했습니다.
お金を使いすぎました。　　　　돈을 너무 많이 썼습니다.

STEP 2 신저자 일본어 연습하기

쓰기　읽기　말하기

✈ 다음 단어를 사용하여 실생활 문장을 만들어 봅시다.

스마트폰/보다/요리　　　　　　　スマホ/見る/料理
➡ 스마트폰을 보면서 요리합니다.　✎ スマホを見ながら料理します。

커피/~라도/마시다/이야기하다　　コーヒー/でも/飲む/話す
➡ 커피라도 마시면서 이야기하지 않을래요?　コーヒーでも飲みながら話しませんか。

선물/사다　　　　　　　　　　　おみやげ/買う
➡ 선물을 너무 많이 샀습니다.　　おみやげを買いすぎました。

이 레스토랑/비싸다　　　　　　　このレストラン/高い
➡ 이 레스토랑은 너무 비쌉니다.　このレストランは高すぎます。

STEP 3 일본어 여행하기

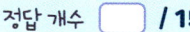

정답 개수 ☐ / 15

1 다음 문장에 맞게 빈칸에 히라가나를 채우세요.

① テレビを ☐ ながらご飯を食べます。
   TV를 보면서 밥을 먹습니다.

② 歩き ☐☐☐ 新聞を読みます。
   걸으면서 신문을 읽습니다.

③ 音楽を聞 ☐☐☐☐ 絵をかきます。
   음악을 들으면서 그림을 그립니다.

2 그림을 보고 보기의 단어를 참고하여 상황에 맞게 일본어로 설명해 보세요.

보기 이야기하다 話す ┃ 타다 乗る ┃ 먹다 食べる ┃ (노래를) 부르다 歌う

① 友達と ＿＿＿＿＿＿＿＿ 歩きます。
   친구와 이야기하면서 걷습니다.

② 自転車に ＿＿＿＿＿＿＿＿ 音楽を聞きます。
   자전거를 타면서 음악을 듣습니다.

③ お菓子を ＿＿＿＿＿＿＿＿ マンガを読みます。
   과자를 먹으면서 만화책을 읽습니다.

④ 歌を ＿＿＿＿＿＿＿＿ おどります。
   노래를 부르면서 춤을 춥니다.

3 다음 동사를 보고 우리말 의미에 맞게 바꿔 보세요.

① 飲む ➡ _____ ➡ _____
　　　마시다　　　　　너무 많이 마시다　　　　　너무 많이 마십니다

② 寝る ➡ _____ ➡ _____
　　　자다　　　　　　너무 많이 자다　　　　　　너무 많이 잡니다

③ 食べる ➡ _____ ➡ _____
　　　먹다　　　　　　너무 많이 먹다　　　　　　너무 많이 먹습니다

④ する ➡ _____ ➡ _____
　　　하다　　　　　　너무 많이 하다　　　　　　너무 많이 합니다

4 올바른 표현을 A와 B 중에서 골라 보세요.

① 운전을 하면서 음악을 듣습니다.
　➡ 運転を（A します　B しながら）音楽を聞きます。

② 주말에는 항상 과식합니다.
　➡ 週末にはいつも（A 食べすぎます　B 食べすぎました）。

> **JLPT N5 기출 유형 맛보기**

5 다음 문장의 (　) 에 들어갈 것으로 가장 적당한 것을 1·2·3·4에서 하나 고르세요.

① 弟はいつも本を(　　　)ご飯を食べます。 남동생은 항상 책을 읽으면서 밥을 먹습니다.

　1 読むながら　　2 読みながら　　3 読まながら　　4 読めながら

② 昨日、デザートがおいしくて(　　　)。 어제 디저트가 맛있어서 너무 많이 먹었습니다.

　1 食べすぎる　　2 食べたすぎる　　3 食べすぎました　　4 食べたすぎます

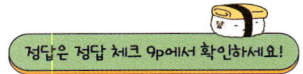

Day 43

見やすいです。
보기 편합니다.

학습 체크인 | DATE

동작의 쉽고 어려움을 나타내는 표현을 마스터한다.

 「~やすい」 표현 익히기   「~にくい」 표현 익히기

STEP 1 · 진짜 일본어 준비물 체크하기

✈ 동작의 쉽고 어려움을 나타내는 표현을 익히고 자유롭게 말해 보세요.

~やすい   ~하기 쉽다/편하다
동사 ます형 + やすい

「~やすい」는 동사 ます형에 접속하여, '~하기 쉽다, ~하는 것이 편하다'라는 의미를 나타내는 표현입니다. 그리고 「やすい」는 い형용사와 생김새가 비슷하여 い형용사처럼 활용합니다.

新しいスマホは使いやすいです。 　새 스마트폰은 사용하기 편합니다.
字が大きくて見やすいです。 　　　글자가 커서 보기 편합니다.
このガラスはうすくてわれやすいです。 이 유리는 얇아서 깨지기 쉽습니다.
彼の声は聞きやすいです。 　　　　그의 목소리는 듣기 편합니다.

단어
新しい 새롭다
スマホ 스마트폰
使う 사용하다
字 글자
大きい 크다
見る 보다
ガラス 유리
うすい 얇다
われる 깨지다
声 목소리
聞く 듣다

 꿀팁!
「~やすい(~하기 쉽다, ~하는 것이 편하다)는 플러스적인 평가에도 쓰이지만 「われやすい(깨지기 쉽다)」처럼 마이너스적인 평가에도 사용할 수 있습니다.

 **체크리스트**

~にくい　~하기 어렵다/불편하다
동사 ます형 + にくい

「~にくい」는 동사 ます형에 접속하여, '~하기 어렵다, ~하는 것이 불편하다'라는 의미를 나타내는 표현입니다. 「にくい」도 い형용사와 생김새가 비슷하여 い형용사처럼 활용합니다.

漢字が多くて読みにくいです。　　　　한자가 많아서 읽기 어렵습니다.

このペンは書きにくいです。　　　　　이 펜은 쓰기 불편합니다.

このくつはちょっと歩きにくいです。　이 구두는 좀 걷기 힘듭니다.

入口が小さくて、入りにくいです。　　입구가 작아서 들어가기 불편합니다.

단어
- 漢字 한자
- 多い 많다
- 読む 읽다
- ペン 펜
- 書く 쓰다
- くつ 구두, 신발
- ちょっと 조금, 좀
- 歩く 걷다
- 入口 입구
- 小さい 작다
- 入る 들어가다

꿀팁! 「~にくい(~하기 어렵다, ~하는 것이 불편하다)」는 마이너스적인 평가에도 쓰이지만 「やぶれにくい(잘 찢어지지 않는다)」처럼 플러스적인 평가에도 사용할 수 있답니다.

 체크리스트 확인 완료!

 **STEP 2** 진짜 일본어 연습하기

쓰기　읽기　말하기

✈ 다음 단어를 사용하여 실생활 문장을 만들어 봅시다.

선생님/설명/이해하다　　　　　　　先生/説明/わかる
➡ 다나카 선생님의 설명은 이해하기 쉽다.　田中先生の説明はわかりやすい。

마시다/맥주/가르치다　　　　　　　飲む/ビール/教える
➡ 마시기 쉬운 맥주를 알려 주세요.　　飲みやすいビールを教えてください。

생선/뼈/많다/먹다　　　　　　　　　魚/骨/多い/食べる
➡ 이 생선은 뼈가 많아 먹기 불편하다.　この魚は骨が多くて食べにくい。

한자/복잡하다/쓰다　　　　　　　　漢字/複雑だ/書く
➡ 이 한자는 복잡해서 쓰기 힘듭니다.　この漢字は複雑で書きにくいです。

STEP 3  일본어 여행하기

정답 개수 ☐ / 15

1 다음 빈칸에 알맞은 히라가나를 넣어 보세요.

① われる ➡ わ ☐ やす ☐
  깨지다   깨지기 쉽다

② よごれる ➡ よご ☐ やす ☐
  더러워지다   더러워지기 쉽다

③ わかる ➡ わか ☐ にく ☐
  이해하다   이해하기 어렵다

④ 使う ➡ 使 ☐ にく ☐
  사용하다   사용하기 불편하다

2 단어를 참고하여 문장을 완성해 보세요.

사이즈 サイズ ｜ 작다 小さい ｜ 먹다 食べる ｜ 원피스 ワンピース ｜
입다 着る ｜ 소파 ソファー ｜ 앉다 座る

① 사이즈가 작아서 먹기 편합니다.
➡ _____ 。

② 이 원피스는 입기 편합니다.
➡ _____ 。

③ 이 소파는 앉기 편합니다.
➡ _____ 。

3 다음 그림을 보고 「〜にくい」를 사용하여 문장을 완성해 보세요.

① 字が小さい/読む   글씨가 작다/읽다
➡ _____ 。
글씨가 작아서 읽기 불편해요.

❷ 道が狭い/通る　길이 좁다/지나가다
➡ _____。
길이 좁아서 지나가기 힘들어요.

❸ 外国人の名前/覚える　외국인 이름/외우다
➡ _____。
외국인 이름은 외우기 힘들어요.

❹ カニ/食べる　게/먹다
➡ _____。
게는 먹기 힘들어요.

4 우리말에 맞게 순서대로 배열하여 써 보세요.

❶ 漢字は　にくいです　この　読み　이 한자는 읽기 힘듭니다.
➡ _____。

❷ 問題は　やすい　この　間違え　です　이 문제는 틀리기 쉽습니다.
➡ _____。

JLPT N5 기출 유형 맛보기

5 다음 문장의 (　)에 들어갈 것으로 가장 적당한 것을 **1・2・3・4**에서 하나 고르세요.

❶ このかばんは大きくて(　　　)やすいです。 이 가방은 커서 사용하기 편합니다.

1 使う　　　2 使い　　　3 使え　　　4 使わ

❷ この道は車が多くて運転(　　　)です。 이 길은 차가 많아서 운전하기 힘듭니다.

1 しながら　2 しすぎ　　3 しにくい　4 しやすい

Day 44

友達が遊びに来ます。
친구가 놀러 옵니다.

학습 체크인 | DATE

이동의 목적을 나타내는 표현을 마스터한다.

- 「~に行く」로 이동의 목적을 말해 보기
- 「~に来る」로 이동의 목적을 말해 보기

STEP 1 진짜자 일본어 준비물 체크하기

어떤 목적으로 이동하는지 자유롭게 말해 봅시다.

~に行く ~하러 가다
동사 ます형 + に行く

동사 ます형에 「に」를 붙이면 '~하러'라는 이동의 목적을 나타냅니다. 「に」 뒤에 이동 동사인 「行く(가다)」를 접속하면 '~하러 가다'라는 의미가 됩니다.

デパートへ服を買いに行きます。　　백화점에 옷을 사러 갑니다.
図書館へ本を借りに行きます。　　도서관에 책을 빌리러 갑니다.
映画を見に行きます。　　영화를 보러 갑니다.

단어
デパート 백화점
服 옷
買う 사다
図書館 도서관
借りる 빌리다

> 꿀팁!
> 「散歩(산책)・食事(식사)・買い物(쇼핑)」처럼 「する(하다)」를 붙여 사용할 수 있는 동작성 명사들은 뒤에 바로 「~に行く・~に来る」를 붙여서 사용할 수 있습니다.
> 예) 勉強に行く。 공부하러 가다

 **~に来る   ~하러 오다**
동사 ます형 + に来る

동사 ます형에 「に」를 붙이면 '~하러'라는 이동의 목적을 나타냅니다. 「に」 뒤에 이동 동사인 「来る(오다)」를 접속하면 '~하러 오다'라는 의미가 됩니다.

友達が遊びに来ます。　　　　　친구가 놀러 옵니다.
忘れ物を取りに来ました。　　　분실물을 찾으러 왔습니다.
日本へ留学しに来ました。　　　일본에 유학하러 왔습니다.

단어
友達 친구
遊ぶ 놀다
忘れ物 분실물
取る 집다, 들다, 쥐다
留学する 유학하다

꿀팁! 「に」 뒤에 「来る(오다)」 동사 대신에 「帰る(돌아가다, 돌아오다)・もどる(되돌아가다, 되돌아오다)」 등의 이동 동사도 사용할 수 있습니다.

STEP 2 일본어 연습하기

쓰기　읽기　말하기

다음 단어를 사용하여 실생활 문장을 만들어 봅시다.

교토/친구/만나다　　　　　　　　京都/友だち/会う
➡ 교토에 친구를 만나러 갑니다.　　京都へ友だちに会いに行きます。

우체국/편지를 부치다　　　　　　郵便局/手紙を出す
➡ 우체국에 편지를 부치러 갑니다.　郵便局へ手紙を出しに行きます。

일본/무엇　　　　　　　　　　　日本/何
➡ 일본에 무엇을 하러 왔습니까?　　日本に何をしに来ましたか。

일본/관광　　　　　　　　　　　日本/観光
➡ 일본에는 관광하러 왔습니다.　　 日本には観光に来ました。

STEP 3  진짜짜 일본어 여행하기   정답 개수 ☐ / 15

1 다음 빈칸에 알맞은 히라가나를 넣어 보세요.

① 遊ぶ (놀다) ➡ 遊☐☐行く (놀러 가다)

② 飲む (마시다) ➡ 飲☐☐行く (마시러 가다)

③ 直す (고치다) ➡ 直☐☐来る (고치러 오다)

④ 見る (보다) ➡ 見☐来る (보러 오다)

2 단어를 참고하여 문장을 완성해 보세요.

 보기
지금 今 ┃ 만나다 会う ┃ 매일 毎日 ┃ 꽃 花 ┃ 사다 買う ┃ 공항 くうこう ┃
친구 友だち ┃ 배웅하다 送る ┃ 커피 コーヒー ┃ 마시다 飲む

① 지금 만나러 갑니다.
➡ _____ 。

② 매일 꽃을 사러 옵니다.
➡ _____ 。

③ 공항에 친구를 배웅하러 갑니다.
➡ _____ 。

④ 커피를 마시러 왔습니다.
➡ _____ 。

3 올바른 표현을 A와 B 중에서 골라 보세요.

① 어제 백화점에 구두를 사러 갔습니다.
➡ 昨日デパートへ靴を (A 買うに   B 買いに) 行きました。

② 동물원에 판다를 보러 왔습니다.
➡ 動物園へパンダを (A 見に来ます   B 見に来ました)。

4 우리말에 맞게 순서대로 배열하여 써 보세요.

① 本を   来ました   返しに   図書館へ   도서관에 책을 반납하러 왔습니다.
➡ _____。

② 直し   パソコンを   来ました   に   컴퓨터를 고치러 왔습니다.
➡ _____。

③ 行きます   習い   料理を   に   毎週   매주 요리를 배우러 갑니다.
➡ _____。

JLPT N5 기출 유형 맛보기

5 다음 문장의 ★ 에 들어갈 것으로 가장 적당한 것을 1·2·3·4에서 하나 고르세요.

① 図書館へ ____ ____ ★ ____ 行きます。 도서관에 프랑스어 책을 빌리러 갑니다.

1 本を   2 借り   3 フランス語の   4 に

② 家に ____ ★ ____ ____ 帰ります。 집에 두고 온 물건을 가지러 돌아갑니다.

1 を   2 忘れ物   3 に   4 取り

Day 45

買って食べる。
사서 먹다.

1그룹 동사의 て형을 마스터한다.

- う・つ・る로 끝나는 1그룹 동사 て형 익히기
- ぬ・ぶ・む로 끝나는 1그룹 동사 て형 익히기
- く(ぐ)・す로 끝나는 1그룹 동사 て형 익히기

STEP 1 | 진짜 일본어 준비물 체크하기

동사의 て형을 익히고 두 문장을 연결하여 말해 봅시다.

1그룹 う・つ・る로 끝나는 동사의 て형

う・つ・る ➡ って

동사의 て형은 '~하고, ~해서'라는 의미로, 1그룹 동사 중 「う・つ・る」로 끝나는 동사는 「って」로 바뀝니다.

사전형	て형(~하고, ~해서)	따라 써 보기
会う 만나다	会って 만나고, 만나서	会って
買う 사다	買って 사고, 사서	買って
待つ 기다리다	待って 기다리고, 기다려서	待って
立つ 서다	立って 서고, 서서	立って
乗る 타다	乗って 타고, 타서	乗って
知る 알다	知って 알고, 알아서	知って

1그룹 ぬ・ぶ・む로 끝나는 동사의 て형
ぬ・ぶ・む ➡ んで

1그룹 동사 중 「ぬ・ぶ・む」로 끝나는 동사는 「んで」로 바뀝니다.

사전형	て형(~하고, ~해서)	따라 써 보기
死ぬ 죽다	死んで 죽고, 죽어서	死んで
呼ぶ 부르다	呼んで 부르고, 불러서	呼んで
遊ぶ 놀다	遊んで 놀고, 놀아서	遊んで
読む 읽다	読んで 읽고, 읽어서	読んで
飲む 마시다	飲んで 마시고, 마셔서	飲んで

1그룹 く(ぐ)・す로 끝나는 동사의 て형
く(ぐ) ➡ いて(いで) ｜ す ➡ して

1그룹 동사 중 「く」나 「ぐ」로 끝나는 동사는 각각 「いて」와 「いで」로 바뀝니다. 그러나 예외적으로 '가다'라는 뜻의 동사 「行く」는 「行いて」가 아닌 「行って」로 활용됩니다. 「す」로 끝나는 동사는 「して」로 바뀝니다.

사전형	て형(~하고, ~해서)	따라 써 보기
書く 쓰다	書いて 쓰고, 써서	書いて
聞く 묻다/듣다	聞いて 묻고/듣고, 물어서/들어서	聞いて
行く 가다	行って 가고, 가서 (예외)	行って
泳ぐ 헤엄치다	泳いで 헤엄치고, 헤엄쳐서	泳いで
脱ぐ 벗다	脱いで 벗고, 벗어서	脱いで
話す 이야기하다	話して 이야기하고, 이야기해서	話して
貸す 빌려주다	貸して 빌려주고, 빌려줘서	貸して

STEP 2 진짜 일본어 연습하기

쓰기 ☐ 읽기 ☐ 말하기 ☐

다음 단어를 사용하여 실생활 문장을 만들어 봅시다.

친구를 만나다/커피/마시다　　　友(とも)だちに会(あ)う/コーヒー/飲(の)む

➡ 친구를 만나서 커피를 마셨습니다.

전철을 타다/회사/가다　　　電車(でんしゃ)に乗(の)る/会社(かいしゃ)/行(い)く

➡ 전철을 타고 회사에 갑니다.

STEP 3 진짜 일본어 여행하기

정답 개수 ☐ / 15

1 다음 동사를 보고 て형으로 바꾸어 보세요.

① 買(か)う ➡ 買☐☐
사다　　　사고, 사서

② 呼(よ)ぶ ➡ 呼☐☐
부르다　　　부르고, 불러서

③ 書(か)く ➡ 書☐☐
쓰다　　　쓰고, 써서

④ 話(はな)す ➡ 話☐☐
이야기하다　　　이야기하고, 이야기해서

2 다음 て형의 형태를 보고 동사 사전형으로 바꾸어 보세요.

① 待(ま)って (기다리고, 기다려서) ➡ 待☐

② 死(し)んで (죽고, 죽어서) ➡ 死☐

③ 聞(き)いて (묻고/물어서, 듣고/들어서) ➡ 聞☐

④ 脱(ぬ)いで (벗고, 벗어서) ➡ 脱☐

3 동사 て형의 활용 부분이 맞으면 ○, 틀리면 X로 표시하고 올바르게 고쳐 보세요.

① 가고, 가서 ➡ 行いて ( ) _____

② 읽고, 읽어서 ➡ 読んで ( ) _____

③ 마시고, 마셔서 ➡ 飲って ( ) _____

4 다음 문장을 일본어로 써 보세요.

보기) 신발,구두 くつ | 벗다 脱ぐ | 들어가(오)다 入る | 버스를 타다 バスに乗る | 오다 来る

① 신발을 벗고 들어갑니다.
➡ _____。

② 버스를 타고 왔습니다.
➡ _____。

JLPT N5 기출 유형 맛보기

5 다음 문장의 ★ 에 들어갈 것으로 가장 적당한 것을 1·2·3·4에서 하나 고르세요.

① お昼 ____ ____ ★ ____ 食べましょう。 점심은 공원에 가서 먹읍시다.

1 に　　　　2 公園　　　　3 は　　　　4 行って

② 昨日、国の ____ ★ ____ ____ 送りました。
어제 고국에 있는 부모님께 편지를 써서 보냈습니다.

1 手紙　　　　2 両親に　　　　3 を　　　　4 書いて

Day 46

학습 체크인 | DATE

起きて運動をします。
일어나서 운동을 합니다.

2그룹 동사와 3그룹 동사의 て형을 마스터한다.

- 「い단+る」로 끝나는 2그룹 동사 て형 익히기
- 「え단+る」로 끝나는 2그룹 동사 て형 익히기
- 3그룹 동사의 て형 익히기

STEP 1 진짜 일본어 준비물 체크하기

동사 2그룹과 3그룹의 て형을 활용해, 행동이나 동작을 연결하여 말해 봅시다.

☐ 체크리스트 い단 + る로 끝나는 2그룹 동사의 て형
る ➡ て

동사의 て형은 '~하고, ~해서'라는 뜻으로, 2그룹 동사의 경우 「る」 앞의 모음이 い단인 경우에도 え단인 경우에도 모두 「る」를 떼고 「て」를 연결합니다.

사전형	て형(~하고, ~해서)	따라 써 보기
見る 보다	見て 보고, 봐서	見て
いる 있다	いて 있고, 있어서	いて
起きる 일어나다	起きて 일어나고, 일어나서	起きて
着る 입다	着て 입고, 입어서	着て

 **え단 + る로 끝나는 2그룹 동사의 て형**

る ➡ て

앞서 말한 것처럼 2그룹 동사의 て형은 「る」를 떼고 「て」를 붙이면 됩니다.

사전형	て형(~하고, ~해서)	따라 써 보기
食(た)べる 먹다	食(た)べて 먹고, 먹어서	食べて
寝(ね)る 자다	寝(ね)て 자고, 자서	寝て
覚(おぼ)える 기억하다	覚(おぼ)えて 기억하고, 기억해서	覚えて
教(おし)える 가르치다	教(おし)えて 가르치고, 가르쳐서	教えて

 **3그룹 동사의 て형**

불규칙 활용

3그룹 동사의 て형은 불규칙하므로 통째로 외워 둡시다.

사전형	て형(~하고, 해서)	따라 써 보기
来(く)る 오다	来(き)て 오고, 와서	来て
する 하다	して 하고, 해서	して

STEP 2 진짜 일본어 연습하기

쓰기 　 읽기 　 말하기

다음 단어를 사용하여 실생활 문장을 만들어 봅시다.

매일 아침/일어나다/운동/하다　　　毎朝(まいあさ)/起(お)きる/運動(うんどう)/する

➡ 매일 아침 일어나서 운동을 합니다.　　毎朝起きて運動をします。

청소/하다/식사/만들다　　　そうじ/する/食事(しょくじ)/作(つく)る

➡ 청소를 하고, 식사를 만듭니다.　　そうじをして、食事を作ります。

STEP 3 진짜✓ 일본어 여행하기

정답 개수 ☐ / 15

1 다음 우리말에 알맞은 동사를 연결해 보세요.

① 보고, 봐서 •   • A ねて

② 하고, 해서 •   • B みて

③ 자고, 자서 •   • C たべて

④ 먹고, 먹어서 •   • D して

2 다음 동사를 보고 て형의 형태로 바꾸고, 의미를 적어 보세요.

① おぼえる(외우다) ➡ ☐☐☐て ➡ (,   )

② おきる(일어나다) ➡ ☐☐て ➡ (,   )

③ おしえる(가르치다) ➡ ☐☐☐て ➡ (,   )

④ くる(오다) ➡ ☐て ➡ (,   )

3 다음 보기를 참고하여 동사 て형 표현이 맞으면 ○, 틀리면 X로 표시하고 올바르게 고쳐 보세요.

보기 ● (사람, 동물 등이) 있다 いる ｜ 입다 着(き)る ｜ 가르치다 教(おし)える

① 있고, 있어서 ➡ いって ( ) ✎ _____

② 입고, 입어서 ➡ 着(き)て ( ) _____

③ 가르치고, 가르쳐서 ➡ 教(おし)えって ( ) _____

4 다음 문장을 일본어로 써 보세요.

보기 운동 運動 | 아침밥 朝ご飯 | 회사 会社 | 일 仕事

① 운동을 하고, 아침밥을 먹습니다.
➡ _____ 。

② 회사에 와서, 일을 합니다.
➡ _____ 。

JLPT N5 기출 유형 맛보기

5 다음 문장의 ★ 에 들어갈 것으로 가장 적당한 것을 1·2·3·4에서 하나 고르세요.

① 毎朝 _____ _____ ★ _____ します。 매일 아침 일찍 일어나서 조깅을 합니다.

 1 ジョギング   2 早く   3 を   4 起きて

② 弟は _____ ★ _____ _____ 寝ました。 남동생은 아침을 먹고 다시 잤습니다.

 1 また   2 食べて   3 を   4 朝ご飯

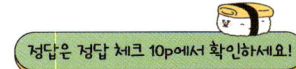
정답은 정답 체크 10p에서 확인하세요!

한 줄 여행 일본어

도쿄 디즈니랜드(東京ディズニーランド), 유니버설 스튜디오 재팬(ユニバーサルスタジオジャパン), 후지큐 하이랜드(富士急ハイランド) 등 일본에는 전국 각지에 개성 강한 놀이공원이 참 많은데요. 여행 전에 현지 놀이공원에서 쓸 수 있는 어휘를 알아 둔다면 더 즐겁겠죠?

アトラクション 놀이 기구 | 絶叫マシン 롤러코스터 | パレード 퍼레이드 | 待ち時間 대기 시간

Day 47

학습 체크인 | DATE

入ってきます。
들어옵니다.

예외 1그룹 동사의 て형을 마스터한다.

- 예외 1그룹 동사 て형 익히기
- 동사의 て형 총정리

STEP 1 — 일본어 준비물 체크하기

혼동하기 쉬운 예외 1그룹 동사의 て형을 익혀서 바르게 활용해 봅시다.

예외 1그룹 동사의 て형
る ➡ って

예외 1그룹 동사인 경우, 「い단+る」나 「え단+る」로 끝나더라도 2그룹처럼 「る」를 떼고 「て」를 연결하는 것이 아니라 1그룹이기 때문에 「って」로 연결해야 합니다.

사전형	て형(~하고, ~해서)	따라 써 보기
切る 자르다	切って 자르고, 잘라서	切って
入る 들어가(오)다	入って 들어가(오)고/들어가(와)서	入って
帰る 돌아가(오)다	帰って 돌아가(오)고/돌아가(와)서	帰って
減る 줄다	減って 줄고, 줄어서	減って

> 꿀팁! 예외 1그룹 동사란? 형태는 2그룹 동사이지만, 예외적으로 1그룹에 속하는 동사를 말합니다. 예외 1그룹 동사는 'DAY33'에서 복습할 수 있습니다.

 **동사의 て형 총정리**

행동이나 동작을 연결하여 말할 때 동사의 て형을 사용하며 '~하고, 해서'라는 의미가 됩니다.

그룹	て형 활용 방법	예
1그룹	끝이 う・つ・る ➡ って	会う ➡ 会って 만나고, 만나서 待つ ➡ 待って 기다리고, 기다려서 乗る ➡ 乗って 타고, 타서
	끝이 ぬ・ぶ・む ➡ んで	死ぬ ➡ 死んで 죽고, 죽어서 呼ぶ ➡ 呼んで 부르고, 불러서 読む ➡ 読んで 읽고, 읽어서
	끝이 く・ぐ ➡ いて・いで	書く ➡ 書いて 쓰고, 써서 泳ぐ ➡ 泳いで 헤엄치고, 헤엄쳐서 行く ➡ 行って 가고, 가서 (예외)
	끝이 す ➡ して	話す ➡ 話して 이야기하고, 이야기해서
2그룹	る ➡ て	見る ➡ 見て 보고, 봐서 食べる ➡ 食べて 먹고, 먹어서
3그룹	불규칙 활용	来る ➡ 来て 오고, 와서
		する ➡ して 하고, 해서

STEP 2 일본어 연습하기

쓰기 ☐ 읽기 ☐ 말하기 ☐

 다음 단어를 사용하여 실생활 문장을 만들어 봅시다.

집/돌아가다/쉬다   家/帰る/休む
➡ 집에 돌아가서 쉬고 싶습니다.   ✎ 家へ帰って休みたいです。

대학/들어가다/독립 생활/시작하다   大学/入る/一人ぐらし/始める
➡ 대학에 들어가서 독립 생활을 시작했습니다.   大学に入って一人ぐらしを始めました。

STEP 3  정답 개수

1 다음 뜻에 알맞은 동사를 연결해 보세요.

① 자르다 •　　　　　　　　• A　はいる

② 돌아가다 •　　　　　　　• B　きる

③ 줄다 •　　　　　　　　　• C　かえる

④ 들어가다 •　　　　　　　• D　へる

2 다음 동사를 보고 て형의 형태로 바꾸고, 의미를 적어 보세요.

① あう(만나다)　➡　□□て　➡　(　　,　　)

② およぐ(헤엄치다)　➡　□□□で　➡　(　　,　　)

③ しぬ(죽다)　➡　□□で　➡　(　　,　　)

④ する(하다)　➡　□て　➡　(　　,　　)

3 다음 보기를 참고하여 동사의 て형의 표현이 맞으면 〇, 틀리면 X로 표시하고 올바르게 고쳐 보세요.

보기 　들어가(오)다 入る ｜ 자르다 切る ｜ 줄다 減る

① 들어가(오)고, 들어가(와)서　➡　入て　(　)　✎ _____

② 자르고, 잘라서　➡　切て　(　)　_____

③ 줄고, 줄어서　➡　減って　(　)　_____

4 보기의 단어를 활용해서 다음 문장을 일본어로 써 보세요.

보기 종이 紙 | 자르다 切る | 붙이다 はる | 친구 友だち | 부르다 呼ぶ | 파티 パーティー

① 종이를 잘라서 붙입니다.
➡ _____

② 친구를 불러서 파티를 했습니다.
➡ _____

JLPT N5 기출 유형 맛보기

5 ( )무엇을 넣습니까? 1·2·3·4 중 가장 올바른 것을 하나 고르세요.

① ステーキはナイフで（　　　）食べます。 스테이크는 나이프로 잘라서 먹습니다.

1 はって　　2 きって　　3 きて　　4 へって

② 大学に（　　　）日本語の勉強を始めました。 대학에 들어가서 일본어 공부를 시작했습니다.

1 教えて　　2 待って　　3 入って　　4 会って

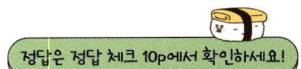
정답은 정답 체크 10p에서 확인하세요!

한 줄 여행 일본어

화장실이 너무 급한데 아무리 둘러봐도 화장실이 없다면 어떻게 하시겠어요?
그럴 땐 어디서든 쉽게 볼 수 있는 편의점으로 달려가 보세요.
대부분의 현지 편의점엔 화장실이 따로 있는 경우가 많아서 점원 이외에 손님들이 사용하기도 한답니다.
화장실을 쓰기 전에 점원에게 「トイレ、お借りしてもいいですか。(화장실 빌려도 될까요?)」라고 한 마디 건네 보세요.
점원도 흔쾌히 화장실을 내어 줄 거예요.

Day 48

音楽を聞いています。
음악을 듣고 있습니다.

학습 체크인 | DATE

동작의 진행, 습관을 나타내는 표현을 마스터한다.

- 동작의 진행을 나타내는 표현 익히기
- 동작의 습관을 나타내는 표현 익히기

STEP 1 — 일본어 준비물 체크하기

동작의 진행 표현을 익혀서 지금 무엇을 하고 있는지 평소 습관은 어떤지 말해 봅시다.

> **체크리스트**
> **~ている** (지금) ~을 하고 있다
> て형 + いる

동사의 て형에 「いる」를 연결하면 '~하고 있다'라는 동작의 진행을 나타내며, 지금 무엇을 하고 있는지를 표현할 수 있습니다.

단어
- 今 지금
- 小説 소설
- 読む 읽다
- 音楽 음악
- 聞く 듣다
- 食事 식사

今、小説を読んでいます。	지금 소설을 읽고 있습니다.
今、音楽を聞いています。	지금 음악을 듣고 있습니다.
今、食事をしています。	지금 식사를 하고 있습니다.

 「~ている」는 현재 진행형이므로 「今(지금)」와 같은 부사와 함께 자주 사용됩니다.

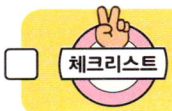 **체크리스트** ～ている (항상) ~을 하고 있다
て형 + いる

「～ている」는 동작의 진행 이외에도 「いつも(항상)・毎日(매일)・毎週(매주)」와 같은 부사와 함께 쓰여 반복적인 습관을 나타내기도 합니다.

단어
いつも 항상
道 길
通る 지나가다
毎朝 매일 아침
ドラマ 드라마

いつも、この道を通っています。 항상 이 길을 지나고 있습니다.
毎朝、7時に起きています。 매일 아침 7시에 일어나고 있습니다.
毎週、このドラマを見ています。 매주 이 드라마를 보고 있습니다.

> 「～ている(~하고 있다)」는 습관・반복 이외에도 직업이나 신분을 나타낼 때에도 사용합니다.
>
> 예) 森さんは大学で日本語を教えています。 [직업]
> 모리 씨는 대학에서 일본어를 가르치고 있습니다.
>
> 林さんは貿易会社の社長をしています。 [신분]
> 하야시 씨는 무역회사 사장입니다.

 체크리스트 확인 완료!

STEP 2 지금자! 일본어 연습하기

쓰기 읽기 말하기

 다음 단어를 사용하여 실생활 문장을 만들어 봅시다.

지금/차/마시다 今/お茶/飲む
 지금 차를 마시고 있습니다. 今お茶を飲んでいます。

백화점/쇼핑 デパート/買い物
➡ 지금 백화점에서 쇼핑하고 있습니다. 今デパートで買い物をしています。

매일 아침/조깅 毎朝/ジョギング
➡ 매일 아침 조깅을 하고 있습니다. 毎朝ジョギングをしています。

매일/걷다/회사/가다 毎日/歩く/会社/行く
➡ 매일 걸어서 회사에 가고 있다. 毎日歩いて会社へ行っている。

STEP 3  일본어 여행하기

정답 개수 ☐ / 15

1 다음 우리말에 맞게 일본어로 빈칸을 채워 보세요.

① 見る ➡ _____
   보다   보고 있다

② 読む ➡ _____
   읽다   읽고 있다

③ 聞く ➡ _____
   듣다   듣고 있다

④ する ➡ _____
   하다   하고 있다

2 다음 그림을 보고, 지금 무엇을 하고 있는지 「～ています」를 사용하여 적어 보세요.

① 寝る 자다
   ➡ _____。

② お金を払う 돈을 지불하다
   ➡ _____。

③ ゲームをする 게임을 하다
   ➡ _____。

④ ご飯を食べる 밥을 먹다
   ➡ _____。

3 보기의 단어를 활용해서 문장을 일본어로 써 보세요.

보기: 고기 肉 | 자르다 切る | 친구 友だち | ~와/과 함께 ~と一緒に | 파티 パーティー

① 고기를 자르고 있습니다. ➡ _____。

② 친구들과 함께 파티를 하고 있습니다. ➡ _____。

4 우리말에 맞게 순서대로 배열하여 써 보세요.

① いる | ジョギングを | 毎朝 | して   매일 아침 조깅을 하고 있다.
➡ _____。

② 遊んで | 弟が | 一人で | いる   남동생이 혼자 놀고 있다.
➡ _____。

③ 毎週 | 見て | 映画を | います | ホラー   매주 공포 영화를 보고 있습니다.
➡ _____。

JLPT N5 기출 유형 맛보기

5 다음 문장의 ★ 에 들어갈 것으로 가장 적당한 것을 1·2·3·4에서 하나 고르세요.

① 週末には ____ ____ ★ ____ います。 주말에는 친구와 운동을 하고 있습니다.

1 友だち　　2 して　　3 と　　4 運動を

② 今 ____ ★ ____ ____ います。 지금 백화점에서 빨간 구두를 사고 있습니다.

1 あかい　　2 買って　　3 デパートで　　4 くつを

Day 49

落ちています。
떨어져 있습니다.

상태를 나타내는 표현을 마스터한다.

- 「자동사+ている」를 활용한 상태 표현 익히기
- 「타동사+てある」를 활용한 상태 표현 익히기
- 「~ておく」를 활용한 상태 표현 익히기

STEP 1 | 일본어 준비물 체크하기

상태 표현을 익혀서 자유롭게 이야기해 봅시다.

~ている   ~해져 있다
자동사의 て형 + いる

자동사의 て형에 「いる」를 연결하면 '~해져 있다'라는 상태 표현이 됩니다.

部屋の電気がついています。	방 불이 켜져 있습니다.
店のドアが閉まっています。	가게 문이 닫혀 있습니다.
お金が落ちています。	돈이 떨어져 있습니다.

단어
- 電気 전기, 불
- つく 켜지다
- 店 가게
- ドア 문
- 閉まる 닫히다
- お金 돈
- 落ちる 떨어지다

꿀팁! 자동사는 '~이 켜지다, ~이 닫히다'처럼 의지 없이 저절로 변화하는 동사를 말하며, 타동사는 '~을 켜다, ~을 닫다'처럼 사람의 의지로 변화시킬 수 있는 동사를 말합니다.

 **~てある   ~해져 있다**
타동사의 て형 + ある

타동사의 て형에 「いる」를 연결하면 진행 표현 '~하고 있다'가 되지만, 「ある」를 연결하면 상태 표현 '~해져 있다'가 됩니다.

パソコンがつけてあります。   컴퓨터가 켜져 있습니다.
窓が開けてあります。   창문이 열려져 있습니다.
車が止めてあります。   차가 세워져 있습니다.

단어
パソコン 컴퓨터
つける 켜다
窓 창문
開ける 열다
車 차, 자동차
止める 세우다

 **~ておく   ~해 두다**
て형 + おく

동사의 て형에 「おく(놓다, 두다)」 동사를 연결하면 '~해 두다', '~해 놓다'라는 의미가 됩니다.

食事を作っておきます。   식사를 만들어 놓습니다.
ビールを冷やしておきます。   맥주를 차게 해 둡니다.
部屋を掃除しておきます。   방을 청소해 놓습니다.

단어
食事 식사
作る 만들다
ビール 맥주
冷やす 차게 하다
掃除する 청소하다

STEP 2 진짜자 일본어 연습하기

쓰기 읽기 말하기

 다음 단어를 사용하여 실생활 문장을 만들어 봅시다.

전기/끄다/꺼지다	電気/消す/消える
➡ 전기가 꺼져 있다.	電気が消してある。 / 電気が消えている。
자료/복사	資料/コピー
➡ 자료를 복사해 두었습니다.	資料をコピーしておきました。

STEP 3 진짜✓ 일본어 여행하기

정답 개수 ☐ / 15

1 다음 자동사를 활용하여 상태 표현을 완성해 보세요.

① 開く ➡
열리다   열려 있다

② 閉まる ➡
닫히다   닫혀 있다

③ 止まる ➡
멈추다   멈춰 있다

④ 消える ➡
꺼지다   꺼져 있다

2 다음 타동사를 활용하여 상태 표현과 진행 표현을 완성해 보세요.

① 開ける ➡   ➡
열다   열려 있다   열고 있다

② 閉める ➡   ➡
닫다   닫혀 있다   닫고 있다

③ 止める ➡   ➡
세우다   세워져 있다   세우고 있다

④ 消す ➡   ➡
끄다   꺼져 있다   끄고 있다

3 단어를 참고하여 빈칸을 채워 보세요.

보기 ● 　　　書く 쓰다 | 買う 사다 | 言う 말하다 | 覚える 외우다

① 名前を書 ☐☐☐ ます。 이름을 써 둡니다.

② 単語を覚 ☐☐☐ ます。 단어를 외워 둡니다.

3

4 표를 참고하여 A와 B 중 올바른 표현을 골라 보세요.

타동사	자동사
かける 걸다	かかる 걸리다
止める 세우다	止まる 멈추다
つける 켜다	つく 켜지다

① 벽에 그림이 걸려 있다.
➡ 壁に絵がかけて（A いる　B ある）。

② 차가 세워져 있다.
➡ 車が（A 止めて　B 止まって）ある。

③ 방 불이 켜져 있다.
➡ 部屋の電気が（A ついて　B つけて）いる。

JLPT N5 기출 유형 맛보기

5 다음 문장의 (　)에 들어갈 것으로 가장 적당한 것을 1·2·3·4에서 하나 고르세요.

① 明日までに資料をコピー(　　　)。
내일까지 자료를 복사해 두겠습니다.

1 しておきます　　2 してみます　　3 していました　　4 してありました

② この問題の答えは120ページに書いて(　　　)。
이 문제의 답은 120페이지에 쓰여 있습니다.

1 います　　2 あります　　3 みます　　4 きます

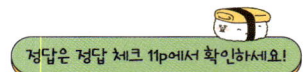
정답은 정답 체크 11p에서 확인하세요!

Day 50

書いてください。
써 주세요.

학습 체크인 | DATE

부탁, 희망을 나타내는 표현을 마스터한다.

- 「～てください」로 상대방에게 부탁하기
- 「～てくださいませんか」로 상대방에게 부탁하기
- 「～てほしい」로 상대방에게 희망을 표현하기

STEP 1 — 일본어 준비물 체크하기

부탁·희망 표현을 익혀서 상대에게 무언가를 부탁해 보세요.

～てください ～해 주세요
て형 + ください

동사의 て형에 「ください」를 연결하면 '~해 주세요, ~하세요'라는 의미가 되며, 상대방에게 부탁이나 요청을 하는 표현이 됩니다.

靴を脱いでください。	신발을 벗어 주세요.
名前を書いてください。	이름을 써 주세요.
ゆっくり休んでください。	푹 쉬세요.

단어
- 靴 신발, 구두
- 脱ぐ 벗다
- 名前 이름
- 書く 쓰다
- ゆっくり 푹
- 休む 쉬다

꿀팁! 가까운 친구 사이에서는 「ください」를 생략하여 「～て」만으로도 부탁이나 의뢰의 뉘앙스 '~해, ~해 줘'를 전달할 수 있습니다.

예) 山田君、このコップを使って!
야마다 군, 이 컵 써!

 **~てくださいませんか** ~해 주시지 않겠습니까?
て형 + くださいませんか

「~てください(~해 주세요)」에 「~ませんか」를 연결하면 상대방에게 정중하게 요청하는 표현 「~てくださいませんか(~해 주시지 않겠습니까?)」가 됩니다.

단어
資料 자료
送る 보내다
一緒に 함께
写真 사진
とる 찍다

資料を送ってくださいませんか。　　자료를 보내 주시지 않겠습니까?
一緒に行ってくださいませんか。　　함께 가 주시지 않겠습니까?
写真をとってくださいませんか。　　사진을 찍어 주시지 않겠습니까?

 **~てほしい** ~해 주길 바라다
て형 + ほしい

「ほしい」는 '원하다, 바라다'라는 い형용사이며, 동사의 て형에 연결하면 상대방에게 어떠한 사안에 대해서 요구나 희망을 나타내는 표현 「~てほしい(~하길 바란다, ~해 주었으면 좋겠다)」가 됩니다.

단어
仕事 일
手伝う 돕다
問題 문제
教える 가르치다

仕事を手伝ってほしいです。　　일을 도와주었으면 합니다.
この問題を教えてほしいです。　　이 문제를 가르쳐 주었으면 합니다.
家に来てほしいです。　　집에 와 주었으면 합니다.

 **STEP 2** 진짜 **일본어 연습하기**

쓰기　읽기　말하기

 다음 단어를 사용하여 실생활 문장을 만들어 봅시다.

사진/보내다　　　　　　　　　写真/送る
➡ 사진을 보내 주시지 않겠습니까?　　写真を送ってくださいませんか。

청소/돕다　　　　　　　　　掃除/手伝う
➡ 청소를 도와주었으면 합니다.　　掃除を手伝ってほしいです。

STEP 3  일본어 여행하기   정답 개수 ☐ / 15

1 다음 동사를 「〜てください」 형태로 바꿔 보세요.

① 買う　➡　
사다　　　　　　　　사 주세요

② 呼ぶ　➡　
부르다　　　　　　　불러 주세요

③ 食べる　➡　
먹다　　　　　　　　드세요

2 다음 동사를 「〜くださいませんか」 형태로 바꿔 보세요.

① 見せてください　➡　
보여 주세요　　　　　　　　　　보여 주시지 않겠습니까?

② 送ってください　➡　
보내 주세요　　　　　　　　　　보내 주시지 않겠습니까?

③ 開けてください　➡　
열어 주세요　　　　　　　　　　열어 주시지 않겠습니까?

3 우리말에 맞게 순서대로 배열하여 써 보세요.

① くつを　ください　ここでは　脱いで　　여기에서는 구두를 벗어 주세요.
➡ _____。

② 教えて　ませんか　電話番号を　ください　　전화번호를 알려 주시지 않겠습니까?
➡ _____。

③ こちらに　ほしい　来て　です　　이쪽으로 와 주었으면 합니다.
➡ _____。

4 「～てほしい」를 사용하여 다음 그림을 설명해 보세요.

❶ 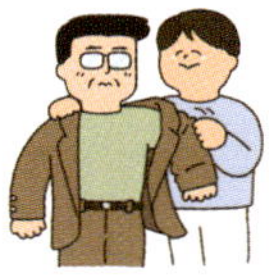

手伝(てつだ)う 돕다

➡ ____ 。

도와주었으면 합니다.

❷ 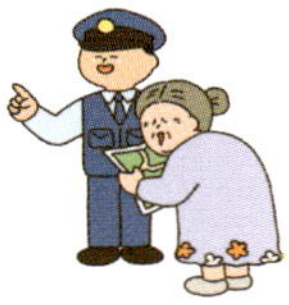

道(みち)を教(おし)える 길을 가르쳐 주다

➡ ____ 。

길을 가르쳐 주었으면 합니다.

❸ 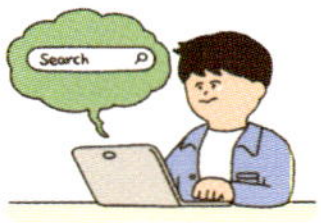

調(しら)べる 조사하다

➡ ____ 。

조사해 주었으면 합니다.

❹ 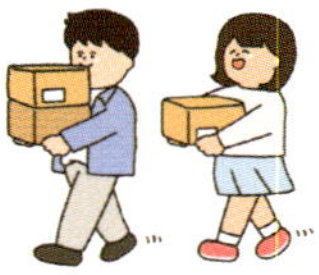

にもつを運(はこ)ぶ 짐을 옮기다

➡ ____ 。

짐을 옮겨 주었으면 합니다.

JLPT N5 기출 유형 맛보기

5 다음 문장의 ___★___ 에 들어갈 것으로 가장 적당한 것을 1 · 2 · 3 · 4에서 하나 고르세요.

❶ 私(わたし) ____ ____ _★_ ____ です。 저의 이야기를 들어 주었으면 합니다.

1 ほしい　　2 話(はなし)を　　3 の　　4 聞(き)いて

❷ その ____ _★_ ____ ____ ませんか。 그 사진을 좀 보여 주시지 않겠습니까?

1 ちょっと　　2 写真(しゃしん)を　　3 ください　　4 見(み)せて

정답은 정답 체크 11p에서 확인하세요!

Day 51

座ってもいいです。
앉아도 됩니다.

허가, 금지를 나타내는 표현을 마스터한다.

 허가를 나타내는 표현 익히기   금지를 나타내는 표현 익히기

STEP 1 진짜 일본어 준비물 체크하기

허가와 금지의 표현을 익혀서, 해도 되는 일과 해서는 안 되는 일을 자유롭게 말해 봅시다.

☐ 체크리스트 〜てもいい 〜해도 된다
て형 + もいい

동사 て형에 조사 「も(도)」와 い형용사 「いい(좋다)」를 연결시키면 '〜해도 된다'와 같이 무언가를 허가하는 표현이 됩니다.

ここに座ってもいいです。	여기에 앉아도 됩니다.
ここで写真をとってもいいです。	여기서 사진을 찍어도 됩니다.
店の前に車を止めてもいいですか。	가게 앞에 차를 세워도 됩니까?

단어
写真 사진
とる 찍다
店の前 가게 앞
車 차
止める 세우다

 꿀팁!! 의문문 「〜てもいいですか」는 '〜해도 됩니까?'라는 의미로 상대에게 허가를 요구할 때 사용하는 표현입니다.

 **〜てはいけない　〜해서는 안 된다**
て형 **+** はいけない

동사 て형에 조사 「は(은/는)」을 붙이고, 뒤에 「いけない(바람직하지 않다)」를 연결하면 금지나 규제의 표현 '~해서는 안 된다'가 됩니다.

단어
授業中　수업 중
入る　들어가(오)다
ケータイ　핸드폰
使う　사용하다

授業中に話してはいけません。　　　　　수업 중에 이야기하면 안 됩니다.

ここに入ってはいけません。　　　　　　여기에 들어가서는 안 됩니다.

ケータイを使ってはいけません。　　　　핸드폰을 사용하면 안 됩니다.

꿀팁! 「〜てはいけない(~해서는 안 된다)」의 정중 표현 '~해서는 안 됩니다'는 「〜てはいけません・〜てはいけないです」둘 다 사용할 수 있습니다.

체크리스트 확인 완료!

 **일본어 연습하기**

쓰기　읽기　말하기

✈ 다음 단어를 사용하여 실생활 문장을 만들어 봅시다.

여기/먹다　　　　　　　　　　　ここ/食べる

➡ 여기서 먹어도 됩니다.　　　　✏ ここで食べてもいいです。

좀/쉬다　　　　　　　　　　　　少し/休む

➡ 좀 쉬어도 될까요?　　　　　　少し休んでもいいですか。

복도/뛰다　　　　　　　　　　　ろうか/走る

➡ 복도에서 뛰어서는 안 됩니다.　ろうかで走ってはいけません。

사진/찍다　　　　　　　　　　　写真/とる

➡ 사진을 찍으면 안 됩니다.　　　写真をとってはいけません。

STEP 3  일본어 여행하기

1 다음 단어의 읽는 법을 고르고, 밑줄에 뜻을 써 보세요.

① 入る　　A いる　　B はいる　　✎ _____

② 座る　　A すわる　B すえる　　_____

③ 使う　　A ちかう　B つかう　　_____

④ 止める　A ためる　B とめる　　_____

2 다음 빈칸에 알맞은 히라가나를 넣어 보세요.

① 여기에 앉아도 됩니까?
➡ ここに座_{すわ}□□□□□ですか。

② 여기에 들어가도 됩니까?
➡ ここに入_{はい}□□□□□ですか。

③ 여기에 세워도 됩니까?
➡ ここに止_と□□□□□ですか。

3 올바른 표현을 A와 B 중에서 골라 보세요.

① 여기서 담배를 펴도 됩니까?
➡ ここでタバコを（A 吸_すっても　B 吸_すっては）いいですか。

② 여기에서 자전거를 타도 됩니까?
➡ ここで自転車_{じてんしゃ}に（A 乗_のんでも　B 乗_のっても）いいですか。

4 수업 중에 하면 안 되는 행동들을 「〜てはいけません」 표현을 사용하여 적어 보세요.

❶
寝る 자다
➡ 授業中、_____。
수업 중에 자서는 안 됩니다.

❷
マンガを読む 만화를 읽다
➡ 授業中、_____。
수업 중에 만화를 읽어서는 안 됩니다.

❸
ケータイを使う 휴대전화를 사용하다
➡ 授業中、_____。
수업 중에 휴대전화를 사용해서는 안 됩니다.

❹
友だちと話す 친구와 이야기하다
➡ 授業中、_____。
수업 중에 친구와 이야기해서는 안 됩니다.

JLPT N4 기출 유형 맛보기

5 다음 문장의 ( )에 들어갈 것으로 가장 적당한 것을 1·2·3·4에서 하나 고르세요.

❶ ここでお酒を( )いけません。 여기에서 술을 마셔서는 안 됩니다.

1 飲んては　　2 飲んでは　　3 飲んても　　4 飲んでも

❷ エアコンを消しても( )か。 에어컨을 꺼도 될까요?

1 あります　　2 います　　3 いいです　　4 いけません

Day 52

학습 체크인 | DATE

一度、会ってみます。
한번 만나 보겠습니다.

체크리스트

시도, 완료나 후회를 나타내는 표현을 마스터한다.

👆 시도를 나타내는 표현 익히기

✌️ 완료나 후회를 나타내는 표현 익히기

STEP 1 · 신조사 일본어 준비물 체크하기

✈️ 동사의 て형에 연결할 수 있는 표현들을 익혀서 다양하게 말해 봅시다.

 체크리스트 | **～てみる** ～해 보다
て형 + みる

동사 て형에 「みる(보다)」를 연결하면, 좋은지 나쁜지 실제로 시도해 보는 표현 「～てみる(~해 보다)」가 됩니다.

一度、会ってみます。	한번 만나 보겠습니다.
少し食べてみてください。	조금 먹어 보세요.
日本料理を作ってみました。	일본 요리를 만들어 보았습니다.

단어
- 一度 한번
- 会う 만나다
- 少し 조금
- 日本料理 일본 요리
- 作る 만들다

 꿀팁!
「～てみる(~해 보다)」의 「みる(보다)」는 시도의 의미를 지닌 보조 동사로 쓰여 한자를 사용하지 않습니다.

 **~てしまう　~해 버리다**
て형 + しまう

동사 て형에 「しまう(끝내다)」라는 동사를 연결한 「~てしまう」는 어떤 행동을 완료했다는 뜻의 '~해 버리다'와 후회의 뉘앙스를 담은 '~하고 말다' 두 가지의 의미를 지니고 있습니다.

단어
ドラマ 드라마
終わる 끝나다
全部 전부, 다
彼女 여자 친구
けんかをする 싸우다

明日ドラマが終わってしまう。　　　내일 드라마가 끝나 버린다.
全部、食べてしまいました。　　　　전부 다 먹어 버렸습니다.
彼女とけんかをしてしまいました。　여자 친구와 싸우고 말았습니다.

「~てしまう(~해 버리다)」는 「ちゃう・じゃう」로 축약해서 사용할 수 있습니다.
예　たべてしまう ➡ たべちゃう 먹어 버리다
　　よんでしまう ➡ よんじゃう 읽어 버리다

 **STEP 2 진짜 일본어 연습하기**

쓰기　읽기　말하기

다음 단어를 사용하여 실생활 문장을 만들어 봅시다.

기모노/입다　　　　　　　　着物/着る
➡ 기모노를 입어 보고 싶습니다.　 着物を着てみたいです。

일본/스모(일본의 씨름)/보다　日本/すもう/見る
➡ 일본의 스모를 봐 보고 싶습니다.　日本のすもうを見てみたいです。

그 책/이미/전부/읽다　　　　その本/もう/全部/読む
➡ 그 책은 이미 다 읽어 버렸습니다.　その本はもう全部読んでしまいました。

친구/고장내다　　　　　　　友だち/こわす
➡ 친구의 카메라를 고장내고 말았습니다.　友だちのカメラをこわしてしまいました。

STEP 3  일본어 여행하기

 정답 개수 ☐ / 15

1 다음 동사에 알맞은 의미를 연결해 보세요.

① 会あう •　　　　　　　• A 만들다

② 終おわる •　　　　　　　• B 만나다

③ 着きる •　　　　　　　• C 입다

④ 作つくる •　　　　　　　• D 끝나다

2 다음 빈칸에 알맞은 히라가나를 넣어 보세요.

① 읽어 봅니다
➡ 読よ ☐☐☐☐☐

② 만나 봅니다
➡ 会あ ☐☐☐☐☐

③ 먹어 봅니다
➡ 食た べ ☐☐☐☐

④ 해 봅니다
➡ し ☐☐☐☐

3 올바른 표현을 A와 B 중에서 골라 보세요.

① 일본 요리를 만들어 봤습니다.
➡ 日にほん料りょう理り を（A 作つくってみました　B 作つくってきました）。

② 귤을 10개나 먹어 버렸습니다.
➡ みかんを10個こも（A 食たべてしまいました　B 食たべてちゃった）。

4 다음 보기처럼 빈칸을 채워 보세요.

보기

する ➡ してしまう ➡ してしまいました
하다　　해 버리다　　해 버렸습니다

① こわす ➡ ＿＿＿＿ ➡ ＿＿＿＿
　고장내다　　　고장 내 버리다　　　고장 내 버렸습니다

② 忘れる ➡ ＿＿＿＿ ➡ ＿＿＿＿
　잊다　　　잊어버리다　　　잊어버렸습니다

③ 読む ➡ ＿＿＿＿ ➡ ＿＿＿＿
　읽다　　　읽어 버리다　　　읽어 버렸습니다

JLPT N4 기출 유형 맛보기

5 다음 문장의 (　)에 들어갈 것으로 가장 적당한 것을 1·2·3·4 에서 하나 고르세요.

① レポートを出すのを(　　　)。 리포트를 제출하는 것을 깜빡 잊고 말았습니다.

1 忘れてみました　　2 忘れてちゃいました
3 忘れてしまいました　　4 忘れて行きました

② 今年の夏休みは京都へ(　　　)です。 올해 여름휴가에는 교토에 가 보고 싶습니다.

1 行ってみたい　　2 行ってしたい
3 行ってみます　　4 行ってみません

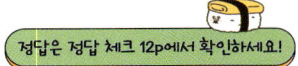
정답은 정답 체크 12p에서 확인하세요!

Day 53

학습 체크인 | DATE

食(た)べていきます。
먹고 가겠습니다.

동작의 이동, 변화를 나타내는 표현을 마스터한다.

- 「~ていく」로 동작의 이동과 변화를 표현하기
- 「~てくる」로 동작의 이동과 변화를 표현하기

STEP 1 진짜 일본어 준비물 체크하기

동작의 이동과 변화의 표현을 이해하고, 동작이 어떻게 변화하는지 말해 봅시다.

~ていく ~해 가다
て형 + いく

동사 て형에 「いく(가다)」가 붙은 형태로, '~하고 가다'처럼 동작의 이동을 나타내거나 '~해 가다'와 같이 변화를 나타내는 표현입니다.

飲(の)み物(もの)を買(か)っていきます。　　마실 것을 사 가겠습니다.
ご飯(はん)を食(た)べていきます。　　밥을 먹고 가겠습니다.
成績(せいせき)が上(あ)がっていきます。　　성적이 올라갑니다.

단어
飲(の)み物(もの) 음료
買(か)う 사다
ご飯(はん) 밥
成績(せいせき) 성적
上(あ)がる 오르다

> 꿀팁! 「~ていく(~하고 가다, ~해 가다)」의 「いく(가다)」는 동작의 이동과 변화를 나타내는 보조 동사로 쓰여 한자를 사용하지 않습니다.

 **~てくる ~해 오다**
て형 + くる

동사 て형에 「くる(오다)」가 붙은 형태로, '~하고 오다'처럼 동작의 이동을 나타내거나
'~해 오다, ~해지다'와 같이 변화를 나타내는 표현입니다.

娘が帰ってきます。　　　　　딸이 돌아옵니다.

飲み物を買ってきます。　　　마실 것을 사 오겠습니다.

空が晴れてきました。　　　　하늘이 맑아져 왔습니다.

단어
娘 딸
帰る 돌아가(오)다
空 하늘
晴れる 맑아지다

꿀팁! 「~てくる(~하고 오다, ~해지다)」의 「くる(오다)」는 동작의 이동과 변화를 나타내는 보조 동사로 쓰여 한자를 사용하지 않습니다.

 **일본어 연습하기**

쓰기　읽기　말하기

다음 단어를 사용하여 실생활 문장을 만들어 봅시다.

갑자기/교실/나오다　　　　　　急に/教室/出る
➡ 톰은 갑자기 교실을 나갔다.　　トムは急に教室を出ていった。

체중/점점/늘다　　　　　　　　体重/どんどん/増える
➡ 체중이 점점 늘어 간다.　　　　体重がどんどん増えていく。

도시락/가지다　　　　　　　　　お弁当/持つ
➡ 오늘은 도시락을 가져왔습니다.　今日はお弁当を持ってきました。

갑자기/춥다　　　　　　　　　　急に/寒い
➡ 갑자기 추워졌습니다.　　　　　急に寒くなってきました。

STEP 3  일본어 여행하기

정답 개수 ☐ / 15

1 다음 동사에 알맞은 의미를 연결해 보세요.

① 買う •　　　　　　　　• A 오르다

② 上がる •　　　　　　　• B 돌아가다, 돌아오다

③ 帰る •　　　　　　　　• C 사다

④ 晴れる •　　　　　　　• D 맑아지다

2 다음 빈칸에 알맞은 히라가나를 넣어 보세요.

① 사 가다
→ 買 ☐☐☐☐

② 올라가다
→ 上 ☐☐☐☐☐

③ 돌아오다
→ 帰 ☐☐☐☐

④ 맑아져 오다
→ 晴 ☐☐☐☐

3 올바른 표현을 A와 B 중에서 골라 보세요.

① 손님이 점점 늘어갑니다.
→ お客さんがどんどん増えて（A いきます　B きます）。

② 모르는 남자가 제 쪽으로 달려 왔습니다.
→ 知らない男の人が、私のほうへ走って（A いきました　B きました）。

4 우리말에 맞게 순서대로 배열하여 써 보세요.

① ノートを　ペンと　きてください　持って　　펜과 노트를 가져 오세요.
➡ _____。

② いきます　クッキー　作って　を　　쿠키를 만들어 가겠습니다.
➡ _____。

③ 暑く　きました　急に　なって　　갑자기 더워졌습니다.
➡ _____。

JLPT N4 기출 유형 맛보기

5 다음 문장의 ★ 에 들어갈 것으로 가장 적당한 것을 1·2·3·4에서 하나 고르세요.

① 明日の ____ ____ ★ ____ いきます。　내일 파티에 음식과 주스를 가져 가겠습니다.

　1 食べ物と　　2 パーティーに　　3 ジュースを　　4 持って

② 最近 ____ ★ ____ ____ きました。　최근 여동생은 체중이 늘었습니다.

　1 体重　　2 が　　3 増えて　　4 妹は

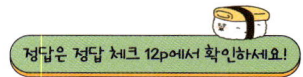
정답은 정답 체크 12p에서 확인하세요!

한 줄 여행 일본어

현지 술집에서 써 볼 수 있는 어휘, 잠깐 체크해 볼까요?

生ビール 생맥주 ｜ おしぼり 물수건 ｜ ノンアルコール 무알콜 ｜ おすすめメニュー 추천 메뉴 ｜ 会計 계산

Day 54

長く待たない。
오래 기다리지 않다.

1그룹 동사 ない형을 마스터한다.

- 1그룹 동사 ない형 익히기
- 1그룹 동사 「なかった」 표현 익히기

STEP 1 - 일본어 준비물 체크하기

1그룹 동사의 부정 표현과 과거 부정 표현을 익히고, 과거의 일에 대해 말해 봅시다.

1그룹 동사의 ない형 ~하지 않다
う단 ➡ あ단 + ない

동사의 ない형은 부정 표현을 말하는데, 정중한 부정 표현 「～ません(~하지 않습니다)」을 반말로 하면 「～ない(~하지 않다)」가 됩니다. 1그룹 동사는 끝 う단을 あ단으로 바꾼 뒤, 「ない」를 붙이면 됩니다. 단, 「あう(만나다)」처럼 「う」로 끝나는 동사는 「あ あない」가 아니라 「あわない」로 바뀌는 점에 주의해야 합니다.

사전형	부정 표현(ない형)	따라 써 보기
会う 만나다	会わ + ない 만나지 않다	会わない
書く 쓰다	書か + ない 쓰지 않다	書かない
泳ぐ 헤엄치다	泳が + ない 헤엄치지 않다	泳がない
話す 이야기하다	話さ + ない 이야기하지 않다	話さない
待つ 기다리다	待た + ない 기다리지 않다	待たない
死ぬ 죽다	死な + ない 죽지 않다	死なない
呼ぶ 부르다	呼ば + ない 부르지 않다	呼ばない
読む 읽다	読ま + ない 읽지 않다	読まない

売る 팔다	売ら + ない 팔지 않다	売らない
예외 1그룹! 切る 자르다	切ら + ない 자르지 않다	切らない

꿀팁! 「ない」 뒤에 「です」를 붙이면 「～ません(～하지 않습니다)」처럼 정중한 말투가 됩니다.

예 会わないです = 会いません 만나지 않습니다
    書かないです = 書きません 쓰지 않습니다

체크리스트 ～なかった ～하지 않았다
ない ➡ なかった

과거 부정 표현인 「～なかった(～하지 않았다)」는 い형용사의 과거형처럼 「ない」의 「い」를 「かった」로 바꾸면 됩니다.

부정 표현(ない)	과거 부정 표현(なかった)	따라 써 보기
会わない 만나지 않다	会わなかった 만나지 않았다	会わなかった
書かない 쓰지 않다	書かなかった 쓰지 않았다	書かなかった
泳がない 헤엄치지 않다	泳がなかった 헤엄치지 않았다	泳がなかった
話さない 이야기하지 않다	話さなかった 이야기하지 않았다	話さなかった
待たない 기다리지 않다	待たなかった 기다리지 않았다	待たなかった
死なない 죽지 않다	死ななかった 죽지 않았다	死ななかった
呼ばない 부르지 않다	呼ばなかった 부르지 않았다	呼ばなかった
読まない 읽지 않다	読まなかった 읽지 않았다	読まなかった
売らない 팔지 않다	売らなかった 팔지 않았다	売らなかった
예외 1그룹! 切らない 자르지 않다	切らなかった 자르지 않았다	切らなかった

꿀팁! 「～なかった(～하지 않았다)」 뒤에 「です」를 붙여 「～なかったです(～하지 않았습니다)」라고 하면 「～ませんでした(～하지 않았습니다)」처럼 정중한 말투가 됩니다.

예 会わなかったです = 会いませんでした 만나지 않았습니다
    書かなかったです = 書きませんでした 쓰지 않았습니다

다음 단어를 사용하여 실생활 문장을 만들어 봅시다.

별로/~을 타다   あまり/~に乗る

➡ 나는 별로 택시를 타지 않는다.   私はあまりタクシーに乗らない。

약속/제시간에 맞추다   約束/間に合う

➡ 약속 시간에 못 맞췄다(늦었다).   約束に間に合わなかった。

정답 개수 ☐ / 15

1 다음 빈칸에 알맞은 히라가나를 넣어 보세요.

① 쓰지 않다   ➡ 書☐ない

② 자르지 않다   ➡ 切☐ない

③ 부르지 않았다   ➡ 呼☐なかった

④ 이야기하지 않았다   ➡ 話☐なかった

2 다음을 읽고 빈칸을 채워 보세요.

3 올바른 표현을 A와 B 중에서 골라 보세요.

① 약속 시간에 못 맞췄다(늦었다).
➡ 約束に（A 間に合あなかった　B 間に合わなかった）。

② 어제는 헬스장에 가지 않았습니다.
➡ 昨日はジムに（A 行きません　B 行かなかったです）。

4 우리말에 맞게 순서대로 배열하여 써 보세요.

① 本を　最近の　読まない　子どもは　　요즘 아이들은 책을 읽지 않는다.
➡ _____。

② レポート　彼は　書かなかった　を　　그는 리포트를 쓰지 않았다.
➡ _____。

③ 行かなかった　どこにも　週末には　です　　주말에는 어디에도 가지 않았습니다.
➡ _____。

JLPT N4 기출 유형 맛보기

5 다음 문장의 (　)에 들어갈 것으로 가장 적당한 것을 1·2·3·4에서 하나 고르세요.

① 先月は本を一冊も（　　　　）。 지난달은 책을 한 권도 읽지 않았다.

1 読みない　　2 読みなかった　　3 読まない　　4 読まなかった

② 昨日私はデパートで何も（　　　　）。 어제 저는 백화점에서 아무것도 사지 않았습니다.

1 買わない　　　　　　　　2 買いません
3 買わなかったです　　　　4 買わなかったでした

Day 55

何(なに)も食(た)べなかった。
아무것도 먹지 않았다.

2그룹 동사 ない형을 마스터한다.

- 2그룹 동사 ない형 익히기
- 2그룹 동사 「なかった」 표현 익히기

STEP 1 · 신자가 일본어 준비물 체크하기

2그룹 동사의 부정 표현과 과거 부정 표현을 익히고, 과거의 일에 대해 말해 봅시다.

☑ 체크리스트 | 2그룹 동사의 ない형 ~하지 않다
る + ない

2그룹 동사의 ない형은 「る」를 떼고 「ない」를 연결합니다. 그리고 「ない」 뒤에 「です」를 붙이면 「~ません(~하지 않습니다)」처럼 정중체가 됩니다.

사전형	부정 표현(ない형)	따라 써 보기
見(み)る 보다	見+ない 보지 않다	見ない
いる 있다	い+ない 없다	いない
起(お)きる 일어나다	起き+ない 일어나지 않다	起きない
着(き)る 입다	着+ない 입지 않다	着ない
食(た)べる 먹다	食べ+ない 먹지 않다	食べない
寝(ね)る 자다	寝+ない 자지 않다	寝ない
覚(おぼ)える 외우다	覚え+ない 외우지 않다	覚えない
教(おし)える 가르치다	教え+ない 가르치지 않다	教えない

 **체크리스트** ～なかった ～하지 않았다

ない ➡ なかった

과거 부정 표현 「～なかった(~하지 않았다)」는 「ない」의 「い」를 「かった」로 바꿔서 만듭니다. 뒤에 「です」만 붙이면 정중체가 되며 「～ませんでした(~하지 않았습니다)」와 동일한 의미입니다.

부정 표현(ない)	과거 부정 표현(なかった)	따라 써 보기
見ない 보지 않다	見なかった 보지 않았다	見なかった
いない 없다	いなかった 없었다	いなかった
起きない 일어나지 않다	起きなかった 일어나지 않았다	起きなかった
着ない 입지 않다	着なかった 입지 않았다	着なかった
食べない 먹지 않다	食べなかった 먹지 않았다	食べなかった
寝ない 자지 않다	寝なかった 자지 않았다	寝なかった
覚えない 외우지 않다	覚えなかった 외우지 않았다	覚えなかった
教えない 가르치지 않다	教えなかった 가르치지 않았다	教えなかった

 체크리스트 확인 완료!

 **STEP 2** 지금자 **일본어 연습하기**

쓰기 읽기 말하기
☐ ☐ ☐

 다음 단어를 사용하여 실생활 문장을 완성해 봅시다.

별로/슈트/입다 | あまり/スーツ/着る
➡ 나는 별로 슈트를 입지 않는다. | 私はあまりスーツを着ない。

그/어제/아무것도/먹다 | 彼/昨日/何も/食べる
➡ 그는 어제 아무것도 먹지 않았다. | 彼は昨日何も食べなかった。

전철/아무도/없다 | 電車/だれも/いない
➡ 전철에는 아무도 없었습니다. | 電車にはだれもいなかったです。

STEP 3  일본어 여행하기

정답 개수 ☐ / 15

1 다음 한자의 읽는 법과 의미를 써 보세요.

① 教える 읽는 법 _____ 의미 _____

② 着る 읽는 법 _____ 의미 _____

③ 寝る 읽는 법 _____ 의미 _____

④ 覚える 읽는 법 _____ 의미 _____

2 다음 동사를 보고 우리말 의미에 맞게 바꿔 보세요.

① 見る ➡ _____ ➡ _____
　보다　　　　　　보지 않다　　　　　　보지 않았다

② 食べる ➡ _____ ➡ _____
　먹다　　　　　　먹지 않다　　　　　　먹지 않았다

③ 起きる ➡ _____ ➡ _____
　일어나다　　　　일어나지 않다　　　　일어나지 않았다

④ いる ➡ _____ ➡ _____
　있다　　　　　　없다　　　　　　　　없었다

3 올바른 표현을 A와 B 중에서 골라 보세요.

① 교실에는 아무도 없었다.
➡ 教室にはだれも（A いなかった　B いないでした）。

② 이 옷은 1년간 입지 않았다.
➡ この服は1年間（A 着ません　B 着なかった）。

4 다음 문장을 일본어로 써 보세요.

단어 우리 아이 うちの子 | 텔레비전 テレビ | 보다 見る | 주말 週末 | 일찍 早く
일어나다 起きる | 어제 昨日 | 단어 単語 | 한 개 一つ | 외우다 覚える

① 우리 아이는 텔레비전을 보지 않는다.
➡ _____。

② 주말에는 일찍 일어나지 않는다.
➡ _____。

③ 어제는 일본어 단어를 한 개도 외우지 않았다.
➡ _____。

JLPT N4 기출 유형 맛보기

5 다음 문장의 (　)에 들어갈 것으로 가장 적당한 것을 1·2·3·4에서 하나 고르세요.

① あの店にはだれも(　　　)。 저 가게에는 아무도 없다.

1 ない　　　2 なかった　　　3 いない　　　4 いなかった

② 彼女は3日間何も(　　　)。 그녀는 3일 동안 아무것도 먹지 않았습니다.

1 食べない　　　　　　　　2 食べません
3 食べなかったでした　　　4 食べませんでした

정답은 정답 체크 12p에서 확인하세요!

Day 56

학습 체크인 | DATE

彼(かれ)から連絡(れんらく)が来(こ)ない。
그에게 연락이 오지 않는다.

3그룹 동사 ない형을 마스터한다.

 3그룹 동사의 ない형 익히기

 3그룹 동사 「なかった」 표현 익히기

 동사의 ない형 총정리

STEP 1 · 일본어 준비물 체크하기

3그룹 동사의 부정 표현과 과거 부정 표현을 익히고, 과거의 일에 대해 말해 봅시다.

3그룹 동사의 ない형 ~하지 않다
불규칙 활용

3그룹 동사의 ない형은 불규칙으로 활용되므로 통째로 외워 둡시다. 정중체는 「ない」 뒤에 「です」를 붙여 「来ないです(오지 않습니다)・しないです(하지 않습니다)」라고 하며 「来ません・しません」과 같은 의미입니다.

사전형	부정 표현(ない형)	따라 써 보기
来(く)る 오다	来(こ)ない 오지 않다	来ない
する 하다	しない 하지 않다	しない

 **～なかった　～하지 않았다**

ない ➡ なかった

3그룹 과거 부정 표현도 1, 2그룹과 같이 「ない」의 「い」를 「かった」로 바꿔서 만듭니다. 정중체는 「来(こ)なかったです(오지 않았습니다)・しなかったです (하지 않았습니다)」이며, 「来ませんでした・しませんでした」와 같은 의미가 됩니다.

부정 표현(ない)	과거 부정 표현(なかった)	따라 써 보기
来(こ)ない 오지 않다	来(こ)なかった 오지 않았다	来なかった
しない 하지 않다	しなかった 하지 않았다	しなかった

 **동사의 ない형 총정리**

동사의 부정 표현(ない형) 만드는 방법을 그룹별로 구분하여 정리해 봅시다.

그룹	동사의 부정 표현(ない형) 접속 방법	예
1그룹	う단을 あ단으로 바꾸고 ない 연결 (단, う로 끝나는 동사는 わ로 바꾼다.)	買(か)う ➡ 買(か)わない 사지 않다 【예외】 待(ま)つ ➡ 待(ま)たない 기다리지 않다 書(か)く ➡ 書(か)かない 쓰지 않다 呼(よ)ぶ ➡ 呼(よ)ばない 부르지 않다 読(よ)む ➡ 読(よ)まない 읽지 않다 売(う)る ➡ 売(う)らない 팔지 않다
2그룹	る 떼고 ない 연결	見(み)る ➡ 見(み)ない 보지 않다
3그룹	불규칙 활용	来(く)る ➡ 来(こ)ない 오지 않다 する ➡ しない 하지 않다

STEP 2 진짜 일본어 연습하기

☐ 쓰기 ☐ 읽기 ☐ 말하기

다음 단어를 사용하여 실생활 문장을 완성해 봅시다.

오늘도/회사/오다　　　　　今日（きょう）も/会社（かいしゃ）/来（く）る
➡ 오늘도 그는 회사에 오지 않았다.　　今日も彼は会社に来なかった。

요즘/별로/운동/하다　　　　このごろ/あまり/運動（うんどう）/する
➡ 요즘 별로 운동을 하지 않는다.　　このごろあまり運動をしない。

STEP 3 진짜 일본어 여행하기

정답 개수 ☐ / 15

1 다음 빈칸에 알맞은 히라가나를 넣어 보세요.

① 하지 않다 ➡ ☐ ない
② 오지 않다 ➡ ☐ ない
③ 하지 않았다 ➡ ☐ ☐ かった
④ 오지 않았다 ➡ ☐ ☐ かった

2 다음 동사의 ない형을 고르고, 밑줄에 뜻을 써 보세요.

① 買（か）う　　A 買あない　　B 買わない　　✎ _____

② 書（か）く　　A 書かない　　B 書きない　　_____

③ 見（み）る　　A 見ない　　B 見らない　　_____

④ 待（ま）つ　　A 待ちない　　B 待たない　　_____

3 올바른 표현을 A와 B 중에서 골라 보세요.

① 어제는 아무것도 하지 않았습니다.
➡ 昨日は何も（A しなかったでした　B しませんでした）。

② 요즘에는 별로 영화를 보지 않았다.
➡ このごろはあまり映画を（A 見ません　B 見なかった）。

4 다음 보기처럼 빈칸을 채워 보세요.

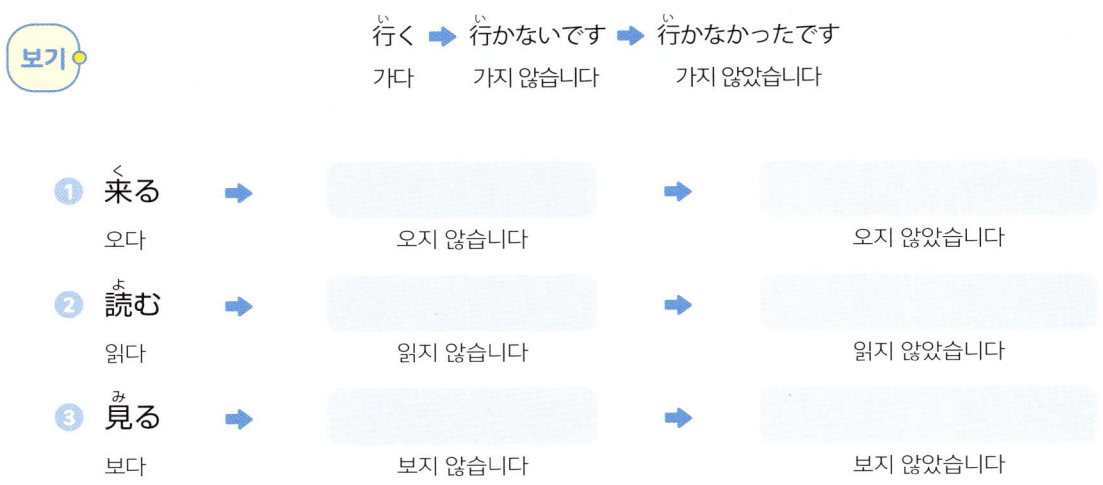

JLPT N4 기출 유형 맛보기

5 다음 문장의 ( )에 들어갈 것으로 가장 적당한 것을 1·2·3·4 에서 하나 고르세요.

① 昨日のパーティーに彼は(　　　　)。 어제 파티에 그는 오지 않았습니다.

1 来ない　　2 来ません　　3 来なかったです　　4 来なかったでした

② 先週の週末は(　　　　)しなかったです。 지난주 주말에는 아무것도 하지 않았습니다.

1 全部　　2 何でも　　3 何も　　4 あまり

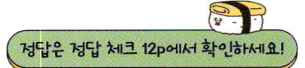

Day 57

학습 체크인 | DATE ○ ○

急(いそ)がなくてもいいです。
서두르지 않아도 됩니다.

금지와 허가의 표현을 마스터한다.

 금지의 표현을 익히기   허가의 표현을 익히기

STEP 1 — 일본어 준비물 체크하기

 ない형을 이용해서 금지와 허가의 표현을 자유롭게 말해 봅시다.

～ないでください ～하지 마세요
ない형 + ないでください

동사 ない형에「～ないでください」를 연결하면 '~하지 마세요'라는 금지 표현이 됩니다.「ないで」를「なくて」로 잘못 사용하지 않도록 주의합시다.

お酒(さけ)は飲(の)まないでください。	술은 마시지 마세요.
約束(やくそく)を忘(わす)れないでください。	약속을 잊지 마세요.
あまり無理(むり)しないでください。	너무 무리하지 마세요.

단어
- お酒(さけ) 술
- 飲(の)む 마시다
- 約束(やくそく) 약속
- 忘(わす)れる 잊다
- あまり 너무, 그다지
- 無理(むり)する 무리하다

 'Day50'에서 학습한 정중하게 지시하거나 의뢰하는 표현「～てください(~해 주세요)」도 다시 한번 체크해 둡시다.

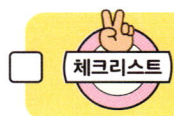 **~なくてもいい ~하지 않아도 된다**
ない형 + なくてもいい

동사 ない형에 「~なくてもいい(~하지 않아도 된다)」를 접속하면 어떠한 행동을 하지 않아도 좋다는 허가의 표현이 됩니다. 뒤에 「です」를 붙이면 정중체가 됩니다.

단어
そんなに 그렇게
急(いそ)ぐ 서두르다
朝(あさ) 아침
早(はや)く 일찍
起(お)きる 일어나다
来(く)る 오다

そんなに急(いそ)がなくてもいいです。 그렇게 서두르지 않아도 됩니다.
朝早(あさはや)く起(お)きなくてもいいです。 아침 일찍 일어나지 않아도 됩니다.
明日(あした)は来(こ)なくてもいいです。 내일은 오지 않아도 됩니다.

> 꿀팁! 「~なくてもいいです(~하지 않아도 됩니다)」에 의문사 「か」를 붙이면, 허가를 요구하는 표현 「~なくてもいいですか(~하지 않아도 됩니까?)」가 됩니다.

STEP 2 진짜자 일본어 연습하기

 쓰기 읽기 말하기

 다음 단어를 사용하여 실생활 문장을 만들어 봅시다.

담배/피우다
➡ 담배를 피우지 마세요.

タバコ/吸(す)う
✏ タバコを吸わないでください。

여기/쓰레기/버리다
➡ 여기에 쓰레기를 버리지 마세요.

ここ/ゴミ/捨(す)てる
ここにゴミを捨てないでください。

구두/벗다
➡ 구두를 벗지 않아도 됩니다.

くつ/脱(ぬ)ぐ
くつを脱がなくてもいいです。

전부/먹다
➡ 전부 먹지 않아도 됩니다.

全部(ぜんぶ)/食(た)べる
全部食べなくてもいいです。

STEP 3  일본어 여행하기

정답 개수 ☐ / 15

1 다음 빈칸에 알맞은 히라가나를 넣어 보세요.

① 마시지 마세요. ➡ 飲 ☐☐☐☐ ください。

② 잊지 마세요. ➡ 忘 ☐☐☐☐ ください。

③ 오지 마세요. ➡ ☐☐☐☐ ください。

2 다음 동사를 보고 우리말 의미에 맞게 바꿔 보세요.

① 会う ➡

　만나다　　　　　　　　　　만나지 않아도 된다

② 食べる ➡

　먹다　　　　　　　　　　　먹지 않아도 된다

③ する ➡

　하다　　　　　　　　　　　하지 않아도 된다

3 올바른 표현을 A와 B 중에서 골라 보세요.

① 너무 무리하지 마세요.
➡ あまり（A 無理しないで　B 無理しなくて）ください。

② 그렇게 서두르지 않아도 됩니다.
➡ そんなに（A 急がないても　B 急がなくても）いいです。

③ 내일은 오지 않아도 됩니다.
➡ 明日は（A 来なくても　B 来ないで）いいです。

4 다음 보기처럼 그림을 보고, 「～ないでください」표현으로 바꿔 보세요.

보기 触る 만지다
→ 触らないでください 。
만지지 마세요.

① 食べる 먹다
→ _____ 。
먹지 마세요.

② 泳ぐ 헤엄치다
→ _____ 。
헤엄치지 마세요.

③ 写真をとる 사진을 찍다
→ _____ 。
사진을 찍지 마세요.

④ 入る 들어가다
→ _____ 。
들어가지 마세요.

JLPT N4 기출 유형 맛보기

5 다음 문장의 ( )에 들어갈 것으로 가장 적당한 것을 1·2·3·4에서 하나 고르세요.

① この国では家に入る時、くつを(　　　)いいです。
이 나라에서는 집에 들어갈 때, 구두를 벗지 않아도 됩니다.

1 脱がない　　2 脱いでも　　3 脱がないで　　4 脱がなくても

② ここではタバコを(　　　)ください。 여기에서는 담배를 피우지 마세요.

1 吸って　　2 吸っては　　3 吸わないで　　4 吸わなくても

정답은 정답 체크 13p에서 확인하세요!

Day 58

학습 체크인 | DATE ○ ○

行かなくてはいけません。
가지 않으면 안 됩니다.

다양한 의무 표현을 마스터한다.

 의무 표현 「~なくてはいけない」 익히기

 의무 표현 「~なければならない」 익히기

STEP 1 진짜 일본어 준비물 체크하기

ない형을 활용한 다양한 의무 표현을 익혀서 자유롭게 말해 봅시다.

~なくてはいけない ~하지 않으면 안 된다
동사 ない형 + なくてはいけない

동사 ない형에 금지 표현 「~てはいけない(~해서는 안 된다)」를 연결하면, 「~なくてはいけない(~하지 않으면 안 된다, ~해야 한다)」라는 의무를 설명하는 표현이 됩니다. 정중체는 「いけない」 뒤에 「です」를 붙이거나 혹은 「いけない」를 「いけません」으로 바꾸면 됩니다.

단어
- 家賃 집세
- 払う 지불하다
- 野菜 채소
- 部屋 방
- 掃除 청소

家賃を払わなくてはいけない。　　집세를 내지 않으면 안 된다.
野菜を食べなくてはいけません。　채소를 먹지 않으면 안 됩니다.
部屋の掃除をしなくてはいけません。　방 청소를 해야 합니다.

> 꿀팁!! 「なくては」를 「なくちゃ」로 축약해서 가벼운 회화체로 사용할 수 있습니다.
> 예) 食べなくては = 食べなくちゃ 〔회화체〕

 **체크리스트**

～なければならない ～하지 않으면 안 된다
동사 ない형 + なければならない

「～なくてはいけない(~하지 않으면 안 된다, 해야 한다)」와 같이 동사 ない형에 「～なければならない(~하지 않으면 안 된다, ~해야 한다)」를 접속하면 또 다른 의무 표현이 됩니다. 정중체는 「ならない」뒤에 「です」를 붙이거나 혹은 「ならない」를 「なりません」으로 바꾸면 됩니다.

本を返さなければならない。 책을 반납하지 않으면 안 된다.
風邪に気をつけなければなりません。 감기를 조심하지 않으면 안 됩니다.
10時には出発しなければなりません。 10시에는 출발하지 않으면 안 됩니다.

단어
返す 반납하다
風邪 감기
気をつける 조심하다
出発する 출발하다

꿀팁! 「なければ」를 「なきゃ」로 축약해서 가벼운 회화체로 사용할 수 있습니다.
出発しなければ ➡ 出発しなきゃ 회화체

✓ 체크리스트 확인 완료!

 **STEP 2 진짜자주 일본어 연습하기**

쓰기 ☐ 읽기 ☐ 말하기 ☐

✈ 다음 단어를 사용하여 실생활 문장을 만들어 봅시다.

병원/가다
病院/行く
➡ 병원에 가지 않으면 안 됩니다.
✎ 病院に行かなくてはいけません。

약/매일/먹다
薬/毎日/飲む
➡ 약을 매일 먹어야 합니다.
薬を毎日飲まなくてはいけません。

아침 일찍/일어나다
朝早く/起きる
➡ 아침 일찍 일어나지 않으면 안 됩니다.
朝早く起きなければなりません。

여권/보여주다
パスポート/見せる
➡ 여권을 보여줘야 합니다.
パスポートを見せなければなりません。

STEP 3 진짜 일본어 여행하기

정답 개수 ☐ / 15

1 다음 빈칸에 알맞은 히라가나를 넣어 보세요.

① 일어나지 않으면 안 됩니다. → 起(お)☐☐☐☐☐いけません。

② 가지 않으면 안 됩니다. → 行(い)☐☐☐☐☐いけません。

③ 하지 않으면 안 됩니다. → ☐☐☐☐☐いけません。

2 다음 동사를 보고「～なければなりません」을 활용해 빈칸을 채워 보세요.

① 返(かえ)す →

반납하다 　 반납하지 않으면 안 됩니다

② 帰(かえ)る →

돌아가다 　 돌아가지 않으면 안 됩니다

③ 来(く)る →

오다 　 오지 않으면 안 됩니다

3 우리말에 맞게 순서대로 배열하여 써 보세요.

① 使(つか)わなくては　ここでは　日本語(にほんご)を　いけません　여기에서는 일본어를 사용해야 합니다.

→ ______________________________。

② 宿題(しゅくだい)を　いけません　これから　しなくては　이제부터 숙제를 해야 합니다.

→ ______________________________。

③ 10時(じ)に　なりません　出発(しゅっぱつ)　しなければ　10시에 출발해야 합니다.

→ ______________________________。

4 다음 그림을 보고 「～なければなりません」을 활용하여 설명해 보세요.

① くつを脱ぐ 신발을 벗다
➡ _____。
신발을 벗지 않으면 안 됩니다.

② ゴミを出す 쓰레기를 내놓다
➡ _____。
쓰레기를 내놓지 않으면 안 됩니다.

③ 掃除する 청소하다
➡ _____。
청소하지 않으면 안 됩니다.

④ 学校に行く 학교에 가다
➡ _____。
학교에 가지 않으면 안 됩니다.

JLPT N4 기출 유형 맛보기

5 다음 문장의 (　)에 들어갈 것으로 가장 적당한 것을 1·2·3·4에서 하나 고르세요.

① 明日までに家賃を(　　　)いけません。 내일까지 집세를 지불해야 합니다.

1 払わなくて　　2 払わないで　　3 払わなくても　　4 払わなくては

② 山田さんに本を(　　　)なりません。 야마다 씨에게 책을 돌려줘야 합니다.

1 返さないで　　2 返さなければ　　3 返さなくても　　4 返して

정답은 정답 체크 13p에서 확인하세요!

Day 59

お花をあげました。
꽃을 주었습니다.

학습 체크인 | DATE

물건을 주고받는 수수 표현을 마스터한다.

 내가 상대에게 주는 「あげる」 표현 익히기

 상대가 나에게 주는 「くれる」 표현 익히기

 내가 상대에게 받는 「もらう」 표현 익히기

STEP 1 — 일본어 준비물 체크하기

물건을 주고받는 수수 표현을 익혀서 자유롭게 사용해 봅시다.

あげる (내가 상대에게) 주다
나 が/は + 상대 に + 물건 を + あげる

일본어에서는 물건을 주는 사람이 누구인지에 따라 다른 표현을 사용하는데, 「あげる(주다)」는 내가 남에게 무언가를 줄 때 사용하는 동사이며, 제3자끼리 줄 때에도 사용합니다.

私は森さんにお花をあげました。
저는 모리 씨에게 꽃을 주었습니다.

田中さんに英語の本をあげました。
(저는) 다나카 씨에게 영어 책을 주었습니다.

父が母にプレゼントをあげました。
아빠가 엄마에게 선물을 주었습니다.

나 → 남
주다

단어
(お)花 꽃
英語 영어
父 아버지
母 어머니
プレゼント 선물

 주고받는 수수 표현에서 자주 등장하는 조사는 「が(이/가)」, 「は(은/는)」, 「に(에게)」, 「を(을/를)」 등이 있습니다.

 **くれる** (상대가 나에게) 주다

상대 が/は + 나 に + 물건 を + くれる

내가 남에게 무언가를 줄 때에는 「あげる(주다)」를 사용하지만, 남이 나에게(나와 가까운 사람에게) 무언가를 줄 때에는 「くれる(주다)」를 사용해야 합니다. 「くれる(주다)」 문장에서는 물건을 주는 사람이 주어가 됩니다.

森さんは私に手紙をくれました。
모리 씨는 저에게 편지를 주었습니다.

田中さんがお土産をくれました。
다나카 씨가 (저에게) 기념품을 주었습니다.

林さんが弟にネクタイをくれました。
하야시 씨가 (저의) 남동생에게 넥타이를 주었습니다.

남 → 나
주다

단어
手紙 편지
お土産 기념품
弟 남동생
ネクタイ 넥타이

 **もらう** (내가 상대에게) 받다

나 は + 상대 に + 물건 を + もらう

「もらう(받다)」는 내가 남에게 무언가를 받을 때 사용합니다. 제3자끼리 받을 때에도 「もらう(받다)」를 사용하지만 가족이나 동료와 같이 나에게 가까운 사람이 주어가 됩니다.

私は先生に辞書をもらいました。
저는 선생님에게 사전을 받았습니다.

友だちにラブレターをもらいました。
(저는) 친구에게 러브레터를 받았습니다.

妹は彼氏にゆびわをもらいました。
여동생은 남자친구에게 반지를 받았습니다.

나/가족 ← 남
받다

단어
辞書 사전
ラブレター 러브레터
妹 여동생
彼氏 남자친구
ゆびわ 반지

쓰기 읽기 말하기

 다음 단어를 사용하여 실생활 문장을 만들어 봅시다.

케이크/주다	ケーキ/あげる
➡ 저는 모리 씨에게 케이크를 주었습니다.	私は森さんにケーキをあげました。
커피/주다	コーヒー/くれる
➡ 모리 씨는 저에게 커피를 주었습니다.	森さんは私にコーヒーをくれました。
커피/받다	コーヒー/もらう
➡ 저는 모리 씨에게 커피를 받았습니다.	私は森さんにコーヒーをもらいました。

정답 개수 ☐ / 15

1 다음 우리말과 알맞은 동사를 찾아 연결해 보세요.

① (내가) 주다 •

② (남이) 주다 •

③ (남에게) 받다 •

④ (제3자끼리) 주다 •

• A　もらう

• B　あげる

• C　くれる

2 다음 빈칸에 알맞은 히라가나를 넣어 보세요.

① 내가 친구에게 선물을 주었습니다.

➡ 私(わたし)が友(とも)だちにプレゼントを ☐☐ ました。

② 야마다 씨가 저에게 펜을 주었습니다.

➡ 山田(やまだ)さんが私(わたし)にペンを ☐☐ ました。

③ 저는 엄마에게 선물을 받았습니다.

➡ 私(わたし)は母(はは)にプレゼントを ☐☐☐ ました。

3 다음 빈칸에 알맞은 히라가나를 넣어 보세요.

① 나카무라 씨가 저에게 꽃을 주었습니다.
➡ 中村さん ☐ 私 ☐ 花を ☐☐☐☐☐ 。

② 야마다 씨가 여동생에게 인형을 주었습니다.
➡ 山田さん ☐ 私の妹 ☐ ぬいぐるみを ☐☐☐☐☐ 。

③ 저는 선배에게 책을 받았습니다.
➡ 私 ☐ 先輩 ☐ 本を ☐☐☐☐☐☐ 。

4 올바른 표현을 A와 B 중에서 골라 보세요.

① 마리코 씨가 남동생에게 편지를 주었습니다.
➡ まり子さんが弟（A に　B は）手紙をくれました。

② 저는 부장님께 기념품을 받았습니다.
➡ 私は部長にお土産を（A くれました　B もらいました）。

③ 아버지는 어머니에게 반지를 주었습니다.
➡ 父は母にゆびわを（A あげました　B もらいました）。

JLPT N4 기출 유형 맛보기

5 다음 문장의 ★ 에 들어갈 것으로 가장 적당한 것을 1·2·3·4에서 하나 고르세요.

① 林さんは私＿＿＿ ＿＿＿ ★ ＿＿＿ くれました。
하야시 씨는 여동생에게 일본어 책을 주었습니다.

1 日本語の　　2 の　　3 妹に　　4 本を

② 私は大学の＿＿＿ ★ ＿＿＿ ＿＿＿ もらいました。
저는 대학교 친구에게 러브레터와 선물을 받았습니다.

1 プレゼントを　　2 友だちに　　3 と　　4 ラブレター

Day 60

カメラを貸してあげました。
카메라를 빌려주었습니다.

학습 체크인 | DATE

동작을 주고받는 수수 표현을 마스터한다.

 동작의 수수 표현 「〜てあげる」 익히기

 동작의 수수 표현 「〜てくれる」 익히기

 동작의 수수 표현 「〜てもらう」 익히기

STEP 1 · 일본어 준비물 체크하기

동작을 주고받는 수수 표현의 문장 구조를 잘 이해하여, 올바르게 사용해 봅시다.

〜てあげる (내가 상대에게) 〜해 주다
나 が/は + 상대 に + 동사 て형 + あげる

내가 남에게 어떠한 행동을 해 줄 때에는 동사 て형에 「あげる(주다)」를 붙여 사용하며, 제3자끼리 해 줄 때에도 씁니다.

私は友達にソウルを案内してあげました。
저는 친구에게 서울을 안내해 주었습니다.

森さんに写真を見せてあげました。
(저는) 모리 씨에게 사진을 보여 주었습니다.

田中さんは林さんにカメラを貸してあげました。
다나카 씨는 하야시 씨에게 카메라를 빌려주었습니다.

단어
- ソウル 서울
- 案内 안내
- 写真 사진
- 見せる 보여 주다
- カメラ 카메라
- 貸す 빌려주다

제3자 → 제3자
주다

 **~てくれる** (상대가 나에게) ~해 주다
상대 が/は ＋ 나 に ＋ 동사 て형 ＋ くれる

남이 나에게(나와 가까운 사람에게) 어떠한 동작을 해 줄 때에는 동사 て형에 「くれる(주다)」를 붙여 사용합니다.

マリさんが私に英語を教えてくれました。
마리 씨가 저에게 영어를 가르쳐 주었습니다.

先輩はご飯をおごってくれました。
선배는 (저에게) 밥을 사 주었습니다.

彼女が料理を作ってくれました。
여자친구가 (저에게) 요리를 만들어 주었습니다.

남 → 나
주다

단어
英語 영어
教える 가르치다
先輩 선배
ご飯 밥, 식사
おごる 한턱 내다
料理 요리
作る 만들다

 **~てもらう** (상대에게) ~해 받다, (상대가) ~해 주다
나 は ＋ 상대 に ＋ 동사 て형 ＋ もらう

내가 남에게 어떠한 행동을 받을 때에는 동사 て형에 「もらう(받다)」를 붙여 사용합니다. 제3자끼리 받을 때에도 「~てもらう(~해 받다)」를 사용하지만 가족이나 동료와 같이 나에게 가까운 사람이 주어가 됩니다. 행동을 베푸는 사람 뒤에는 조사 「に」를 붙입니다.

私は森さんに写真をとってもらいました。
모리 씨가 저에게 사진을 찍어 주었습니다.
(직역: 저는 모리 씨에게 사진을 찍어 받았습니다.)

知らない人に道を教えてもらいました。
모르는 사람이 (저에게) 길을 가르쳐 주었습니다.
(직역: 모르는 사람에게 길을 가르쳐 받았습니다.)

私は先生に作文を直してもらいました。
선생님이 작문을 고쳐 주었습니다.
(직역: 저는 선생님에게 작문을 고쳐 받았습니다.)

나 ← 남
받다

단어
知らない人 모르는 사람
道 길
教える 가르치다
写真 사진
とる 찍다
作文 작문
直す 고치다

STEP 2 진짜! 일본어 연습하기

쓰기 읽기 말하기

다음 단어를 사용하여 실생활 문장을 완성해 봅시다.

여동생/과자/사다 　　　　　　妹/お菓子/買う
➡ 내가 여동생에게 과자를 사 주었습니다.　私が妹にお菓子を買ってあげました。

선배/수학/가르치다 　　　　　先輩/数学/教える
➡ 선배가 나에게 수학을 가르쳐 주었습니다.　先輩が私に数学を教えてくれました。

친구/돕다 　　　　　　　　　友だち/手伝う
➡ 친구가 (나를) 도와주었습니다.　友だちに手伝ってもらいました。
　 (친구에게 도움을 받았습니다.)

STEP 3 진짜! 일본어 여행하기

정답 개수 ☐ / 15

[1] 다음 단어의 읽는 법을 고르고, 밑줄에 뜻을 써 보세요.

① 貸す　　A かえす　　B かす　　_____
② 直す　　A なおす　　B かす　　_____
③ 案内　　A あんがい　B あんない　_____
④ 見せる　A みせる　　B きせる　_____

[2] 다음 빈칸에 알맞은 히라가나를 넣어 보세요.

① 저는 친구에게 서울을 안내해 주었습니다.
➡ 私 ☐ 友達 ☐ ソウルを案内し ☐ ☐ ☐ ました。

② 저는 모리 씨에게 사진을 보여주었습니다.
➡ 私 ☐ 森さん ☐ 写真を見せ ☐ ☐ ました。

③ 다나카 씨는 하야시 씨에게 카메라를 빌려주었습니다.
➡ 田中さん ☐ 林さん ☐ カメラを貸し ☐ ☐ ☐ ました。

3 다음 빈칸에 알맞은 히라가나를 넣어 보세요.

① 마리 씨가 저에게 영어를 가르쳐 주었습니다.
➡ マリさん☐ 私☐ 英語☐ 教えて☐☐ ました。

② 선배는 저에게 밥을 사 주었습니다.
➡ 先輩☐ 私☐ ご飯☐ おごって☐☐ ました。

③ 여자친구가 저에게 요리를 만들어 주었습니다.
➡ 彼女☐ 私☐ 料理☐ 作って☐☐ ました。

4 다음 빈칸에 알맞은 히라가나를 넣어 보세요.

① 모리 씨가 저에게 사진을 찍어 주었습니다. (직역: 저는 모리 씨에게 사진을 찍어 받았습니다.)
➡ 私は森さんに写真をとって☐☐☐ ました。

② 모르는 사람이 저에게 길을 가르쳐 주었습니다. (직역: 저는 모르는 사람에게 길을 가르쳐 받았습니다.)
➡ 私☐ 知らない人に道を教えて☐☐☐ ました。

③ 선생님이 작문을 고쳐 주었습니다. (직역: 저는 선생님에게 작문을 고쳐 받았습니다.)
➡ 私は先生☐ 作文を直して☐☐☐ ました。

JLPT N4 기출 유형 맛보기

5 다음 문장의 ★ 에 들어갈 것으로 가장 적당한 것을 1·2·3·4에서 하나 고르세요.

① 山田さん ____ ____ ★ ____ もらいました。 야마다 씨에게 교토를 안내 받았습니다.

1 案内　　　2 に　　　3 京都を　　　4 して

② 先輩は ____ ★ ____ ____ くれました。 선배는 남동생 노트북을 고쳐 주었습니다.

1 ノートパソコンを　2 直して　　3 の　　　4 弟

정답은 정답 체크 13p에서 확인하세요!

일본어 진짜학습지 첫걸음 부록

진짜 일본어 여행하기
정답 체크

일본어 진짜학습지 첫걸음 부록

진짜 일본어 여행하기
정답 체크

정답

Day 01 일본어 여행하기
1. ① B ② A ③ A ④ B
2. ① D ② B ③ A ④ C
3. ① う ② か ③ そ ④ ち
4. ① あ ② け ③ し

Day 02 일본어 여행하기
1. ① B ② B ③ B ④ A
2. ① B ② D ③ A ④ C
3. ① の ② ひ ③ む ④ や
4. ① ぬ ② へ ③ ま

Day 03 일본어 여행하기
1. ① A ② A ③ B ④ A
2. ① D ② C ③ B ④ A
3. ① ら ② る ③ を
4. ① さ ② め ③ も ④ れ

Day 04 일본어 여행하기
1. ① A ② D ③ C ④ B
2. ① A ② B ③ A
3. ① コ ② ス ③ タ ④ ツ
4. ① ケ, キ ② ソ, ス ③ チ, キ ④ ア, イ, ス

Day 05 일본어 여행하기
1. ① D ② B ③ A ④ C
2. ① B ② B ③ A

3. ① ニ ② フ ③ モ ④ ユ
4. ① ホ, ル ② モ, ニ ③ ヤ, ホ ④ ナ, ナ

Day 06 일본어 여행하기
1. ① C ② A ③ D ④ B
2. ① A ② B ③ B ④ A
3. ① ル, ル ② リ, ン ③ レ, ラ, ン
4. ① ツ ② テ ③ タ ④ ン

Day 07 일본어 여행하기
1.
か	カ	き	キ	く	ク	け	ケ	こ	コ
が	ガ	ぎ	ギ	ぐ	グ	げ	ゲ	ご	ゴ
さ	サ	し	シ	す	ス	せ	セ	そ	ソ
ざ	ザ	じ	ジ	ず	ズ	ぜ	ゼ	ぞ	ゾ
た	タ	ち	チ	つ	ツ	て	テ	と	ト
だ	ダ	ぢ	ヂ	づ	ヅ	で	デ	ど	ド
は	ハ	ひ	ヒ	ふ	フ	へ	ヘ	ほ	ホ
ば	バ	び	ビ	ぶ	ブ	べ	ベ	ぼ	ボ

2.
ふ	ⓑば	ⓑぼ
ⓑび	ほ	ⓑべ
ⓑぶ	び	ぶ
ば	へ	ひ

3. ① E ② C ③ B ④ D ⑤ A

Day 08 일본어 여행하기
1. ① C ② D ③ B ④ A
2. ① B ② A ③ A ④ B
3. ① A ② B ③ B ④ A
4. ① ショー
   ② にんぎょう
   ③ チョコレート

Day 09  일본어 여행하기

1. ① ざっし   ② ロック
   ③ きっぷ   ④ けっせき
   ⑤ せんせい ⑥ おかあさん
   ⑦ ニュース ⑧ きょう

2. ① にほんの ラーメンが すきです。
   ② ぎんざで シャンパンを かいました。
   ③ こうえんを さんぽして ごはんを たべました。

3. ① D ② C ③ B ④ A

Day 10  일본어 여행하기

1. ① E ② B ③ D
   ④ A ⑤ C

2. ① ありがとうございます
   ② だいじょうぶです

3. ① おはようございます
   ② はじめまして
   ③ お元気で

Day 11 일본어 여행하기

1. ① ベ ② ラ ③ ジ
   ④ ン ⑤ フ

2. ① A 회사원 ② A 한국
   ③ B 의사   ④ A 대학생

3. ① C A B D ② C D B A
   ③ D C B A ④ B C A D

4. ① 2

5. ① 3

Day 12 일본어 여행하기

1. ① 先生です ➡ 先生でした
   ② 大学生です ➡ 大学生でした
   ③ 休みです ➡ 休みでした
   ④ 歌手です ➡ 歌手でした

2. ① は ありません
   ② は でした
   ③ は ありません
   ④ は ありませんでした

3. ① (日本人で)
   ② (アメリカ人で)

4. ① ありませんでした ➡ ありません
   ② でした ➡ ではありませんでした
   ③ でしたです ➡ でした

5. ① 4(3-1-★4-2) ② 4(2-★4-3-1)

Day 13 일본어 여행하기

1. ① C ② D ③ B ④ A

2. ① か ② なん
   ③ いつ ④ どこ

3. ① D B A C ② D A B C
   ③ C D B A

4. ① 나카무라 씨, 내일 쉬는 날 아니에요?
   ② 취미는 뭐예요?

5. ① 4 ② 3

정답

Day 14 일본어 여행하기

1. ① これ ② あれ
   ③ それ ④ どれ
2. ① D ② A ③ B ④ C
3. ① 저 사람은 가수입니다.
   ② 이 노트는 제 것이 아닙니다.
   ③ 야마다 씨는 어떤 사람입니까?
4. ① これ ➡ この   ② そんな ➡ あそこ
5. ① 2 ② 4

Day 15 일본어 여행하기

1. ① た ② た ③ か ④ れ
2. ① しつれいします
   ② しつれいします
   ③ すみません
3. ① 林さん(はやし)   ② 中村さま(なかむら)
4. ① B ② D ③ A ④ C
5. ① 1(2-4-★-1-3)   ② 1(2-★-1-4-3)

Day 16 일본어 여행하기

1. ① そふ   ② 妹さん(いもうと)
   ③ お父さん(とう)   ④ 主人(しゅじん)
2. ① そぼ   ② 父(ちち)
   ③ 姉(あね)   ④ 弟(おとうと)
3. ① 母(はは) ➡ お母さん(かあ)   ② お兄さん(にい) ➡ 兄(あに)
   ③ 娘(むすめ) ➡ 娘さん(むす)   ④ 両親(りょうしん) ➡ ご両親(りょうしん)
4. と
5. ① 2 ② 2

Day 17 일본어 여행하기

1. ① よん | よし   ② なな | しち
   ③ じゅういち
2. ① にじゅうよん
   ② ごじゅうさん
   ③ さんじゅうご
3. ① ここのつ ② やっつ
   ③ いつつ   ④ みっつ
4. ① ひとつ   ② ふたつ
   ③ よっつ | ななつ
5. ① 2 ② 3

Day 18 일본어 여행하기

1. ① びゃく ② ぴゃく
   ③ きゅう ④ よんじゅう
2. ① いくらですか ② にひゃくごじゅう
   ③ ください ④ ぜんぶで
3. せん
4. ① ろくぜん ➡ ろくせん
   ② さんひゃく ➡ さんびゃく
   ③ はちせん ➡ はっせん
   ④ にびゃく ➡ にひゃく
5. ① 2 ② 4

Day 19 일본어 여행하기

1. ① D ② C ③ B ④ A
2. ① よじ・さんじゅっぷん(はん)
   ② ごじ・にじゅうはっぷん
   ③ くじ・じゅうごふん

④ しちじ・よんじゅうさんぶん
③ ① 아르바이트는 오전 7시부터 12시까지입니다.
② 수업은 오후 1시 반부터 3시까지입니다.
③ 5시부터 6시까지는 식사 시간입니다.
④ ① から　　　② まで
⑤ ① 4　　② 2

③ 中村　先生は　有名　です
⑤ ① 3　　② 2

Day 22 일본어 여행하기

① ① 不便です ➡ 不便でした
② まじめです ➡ まじめでした
③ 親切です ➡ 親切でした
④ 同じです ➡ 同じでした

② ① 店員は親切ではありませんでした
② 問題は簡単ではありませんでした
③ 体は丈夫ではありませんでした
④ アルバイトは大変ではありませんでした

③ ① では(じゃ)ありませんでした

④ ① にぎやかなでした ➡ にぎやかでした
② にぎやかだではありませんでした
➡ にぎやかではありませんでした
③ 便利だったです ➡ 便利でした
④ 便利ありませんでした
➡ 便利では(じゃ)ありませんでした

⑤ ① 1(4-2-★1-3)　② 1(3-★1-4-2)

Day 20 일본어 여행하기

① ① ついたち　　② よっか
③ ようか　　　④ とおか

② ① じゅうよにち ➡ じゅうよっか
② にじゅうようか ➡ にじゅうはちにち
③ よんがつ/ごにち ➡ しがつ/いつか
④ きゅうがつ/にじゅうにち ➡ くがつ/はつか

③ ① きんようび　　② もくようび

④ ① ろくがつ・にじゅうさんにち
② かようび
③ すいようび

⑤ ① 3　　② 2

Day 23 일본어 여행하기

① ① B　② C　③ D　④ A

② ① で　　　　② な
③ で|な　　　④ で|な

③ ① 楽なソファーです
② 簡単な料理です
③ 静かな街です

④ ① きれいなしずかで ➡ きれいでしずかな
② しんせんだ有名で ➡ しんせんで有名な

Day 21 일본어 여행하기

① ① 便利です ➡ 便利ではありません
② しずかです ➡ しずかではありません
③ 有名です ➡ 有名ではありません
④ 大変です ➡ 大変ではありません

② ① C　② A　③ B

③ ① だ　② は|で
③ ありません

④ ① 交通は　便利　では　ありません
② この　テストは　簡単　です

정답

5 ① 2 ② 3

Day 24 일본어 여행하기

1 ① が ② も ③ は
2 ① おいしい ② せまい
  ③ たかい ④ さむい
3 ① 狭くありません
  ② 安くありません
  ③ 寒くありません
  ④ よくありません
4 ① ですか ② ありません
5 ① 4 ② 2

Day 25 일본어 여행하기

1 ① 重かった ➡ 重かったです
  ② 短かった ➡ 短かったです
  ③ よかった ➡ よかったです
  ④ 長かった ➡ 長かったです
2 ① く ② よく
  ③ ありません ④ でした
3 ① 速かったでした ➡ 速かったです
  ② 怖ありませんでした
  ➡ 怖くありませんでした
4 ① B ② C ③ A
5 ① 2 ② 4

Day 26 일본어 여행하기

1 ① か ② お ③ や ④ ろ
2 ① 白いかばん ② 明るい部屋
  ③ 赤いリンゴ ④ 黒いくつ
3 ① くてい ② くてい
  ③ くてい
4 ① 狭くて高かった ② 安くておいしかった
5 ① 3(1-4-★3-2) ② 4(2-★4-3-1)

Day 27 일본어 여행하기

1 ① が ② が
2 ① すき ② じょうず
  ③ へた
3 ① A ② C ③ B ④ D
4 ① 日本語の ➡ 日本語が
  ② 下手なです ➡ 下手です
  ③ 上手だです ➡ 上手です
  ④ きらかったです ➡ きらいでした
5 ① 4(3-2-★4-1) ② 2(4-★2-3-1)

Day 28 일본어 여행하기

1 ① A ② D ③ C ④ B
2 ① が ② ほしい
  ③ ほしいです ④ がほしいです
3 ① ほしいですか ② がほしいです
4 ① 大きくて 安い かばんが ほしい です
  ② この 料理の 味は どうですか
  ③ このクラスで まじめな 人は だれですか
5 ① 2 ② 3

Day 29 일본어 여행하기

1. ① より ② よりの
   ③ よりほう ④ よりのほうが
2. ① 中で ② 一番
3. ① バスよりタクシーの方が速い
   ② スイカよりイチゴの方が甘い
   ③ 季節の中で秋が一番好きです
4. ① 果物の中でスイカが一番好きです
      (과일 중에서 수박을 제일 좋아합니다.)
   ② 季節の中で夏が一番暑いです
      (계절 중에서 여름이 가장 덥습니다.)
   ① クラスの中で木村さんが一番うるさいです
      (우리 반에서 기무라 씨가 제일 시끄럽습니다.)
   ① 世の中で南極が一番寒いです
      (세상에서 남극이 가장 춥습니다.)
5. ① 2 ② 3

Day 30 일본어 여행하기

1. ① し ② り ③ か
2. ① うえ｜위 ② みぎ｜오른쪽
   ③ まえ｜앞 ④ そと｜밖
3. ① 中｜あります
   ② 横｜あります
   ③ 前｜あります
4. ① 犬はいすの下にいます
   ② 銀行は郵便局の隣にあります
   ③ 本はつくえの上にありません
5. ① 3(2-1-★3-4) ② 2(4-★2-1-3)

Day 31 일본어 여행하기

1. ① C ② D ③ A ④ B
2. ① かう ② かす
   ③ まつ
3. ① B｜팔다 ② B｜서다
   ③ A｜타다
4. ① A｜걷다 ② B｜살다
   ③ A｜가지다, 들다
5. ① 3 ② 3

Day 32 일본어 여행하기

1. ① B ② A ③ D ④ C
2. ① おぼえる ② おきる
   ③ くる
3. ① A｜입다 ② A｜자다
   ③ B｜생각하다
4. ① A｜오다 ② B｜일어나다
   ③ A｜먹다
5. ① 4 ② 3

Day 33 일본어 여행하기

1. ① C ② B ③ D ④ A
2.
① 1그룹
入る 들어가(오)다 ｜ 買う 사다
待つ 기다리다 ｜ 遊ぶ 놀다
住む 살다 ｜ 知る 알다
売る 팔다 ｜ 帰る 돌아오(가)다
すべる 미끄러지다

② 2그룹
見る 보다 ｜ 寝る 자다
食べる 먹다

정답

③ 3그룹
する 하다 ∣ 来る 오다

③ ① す る ② く る
　 ③ す る

④ ① B ∣ 들어가(오)다 ② A ∣ 주다
　 ③ B ∣ 알다

⑤ ① 2 ② 2

Day 34 일본어 여행하기

① ① きれいに ② まじめに
　 ③ 簡単に ④ 静かに

② ① おいしく ② 短く
　 ③ 甘く ④ 楽しく

③ ① 静かな ➡ 静かに
　 ② きれく ➡ きれいに
　 ③ うるさいく ➡ うるさく

④ ① まじめに 宿題 を する
　 ② コーヒー を やすく 売る

⑤ ① 3 ② 2

Day 35 일본어 여행하기

① ① に ② く ③ に

② ① あたたかく ② 暑く
　 ③ すずしく ④ 寒く

③ ① 会社員になる ② 有名になる
　 ③ 上手になる

④ ① 元気でする ➡ 元気になる
　 ② きれくする ➡ きれいになる
　 ③ 大学生がなる ➡ 大学生になる

⑤ ① 2 ② 4

Day 36 일본어 여행하기

① ① ち ② み ③ り ④ に

② ① 書きます ➡ 書きません
　 ② 呼びます ➡ 呼びません
　 ③ 切ります ➡ 切りません
　 ④ 乗ります ➡ 乗りません

③ ① 週末には 本 を 読みます
　 ② 明日 は 友だちに 会いません

④ ① ります ② きます
　 ③ ります

⑤ ① 4 ② 2

Day 37 일본어 여행하기

① ① き ② ね
　 ③ み ④ え

② ① 出ます ➡ 出ません
　 ② 覚えます ➡ 覚えません
　 ③ 着ます ➡ 着ません
　 ④ 食べます ➡ 食べません

③ ① A ② B

④ ① 起きます ② 食べます
　 ③ 食べません

⑤ ① 2 ② 3

Day 38 일본어 여행하기

① ① し ∣ 3 ② き ∣ 3
　 ③ かえり ∣ 1 ④ いき ∣ 1

2 ① 売ります ➡ 売りません
   ② 見ます ➡ 見ません
   ③ します ➡ しません
   ④ きます ➡ きません
3 ① A   ② B
4 ① します   ② 行きます
   ③ 来ません
5 ① 1(2-3-★1-4)   ② 2(3-★2-1-4)

Day 39 일본어 여행하기

1 ① きました
   ② りませんでした
   ③ ました
   ④ ませんでした
   ⑤ いました
2 ① B   ② B
3 ① 待ちます ➡ 待ちません ➡ 待ちませんでした
   ② 寝ます ➡ 寝ません ➡ 寝ませんでした
   ③ します ➡ しません ➡ しませんでした
4 ① 母は お菓子を 買いません でした
   ② 妹は ケーキと コーヒーを 買いました
   ③ 昨日は だれも 来ません でした
5 ① 3   ② 4

Day 40 일본어 여행하기

1 ① きませんか ② ましょう
   ③ みましょうか
2 ① 飲みませんか   ② 見ませんか
   ③ 見ましょう
3 ① カフェで デザートを 食べません か

   ② あそこで タクシーに 乗りましょう か
   ③ 遊ぶ 前に 宿題を しましょう
4 ① タクシーを呼びましょうか
   ② 私が運転しましょうか
   ③ 今晩、一杯飲みましょうか
   ④ 田中さんに連絡しましょうか
5 ① 4   ② 2

Day 41 일본어 여행하기

1 ① み   ② きく
   ③ いた   ④ べたくな
2 ① 読みたくないです ┃ 読みたくありません
   ② 休みたくないです ┃ 休みたくありません
   ③ 話したくないです ┃ 話したくありません
3 ① A   ② A
4 ① 커피를 마시고 싶습니다.
   ② 방을 청소하고 싶지 않습니다.
   ③ 친구와 놀고 싶었습니다.
   ④ 파티에 가고 싶지 않았습니다.
5 ① 3(2-4-★3-1)   ② 1(4-★1-3-2)

Day 42 일본어 여행하기

1 ① み   ② ながら
   ③ きながら
2 ① 話しながら   ② 乗りながら
   ③ 食べながら   ④ 歌いながら
3 ① 飲みすぎる ➡ 飲みすぎます
   ② 寝すぎる ➡ 寝すぎます
   ③ 食べすぎる ➡ 食べすぎます
   ④ しすぎる ➡ しすぎます

정답

④ ① B   ② A
⑤ ① 2   ② 3

Day 43 일본어 여행하기

① ① れい   ② れい
   ③ りい   ④ いい
② ① サイズが小さくて食べやすいです
   ② このワンピースは着やすいです
   ③ このソファーは座りやすいです
③ ① 字が小さくて読みにくいです
   ② 道が狭くて通りにくいです
   ③ 外国人の名前は覚えにくいです
   ④ カニは食べにくいです
④ ① この 漢字は 読み にくいです
   ② この 問題は 間違え やすい です
⑤ ① 2   ② 3

Day 44 일본어 여행하기

① ① びに   ② みに
   ③ しに   ④ に
② ① 今会いに行きます
   ② 毎日花を買いに来ます
   ③ くうこうに友だちを送りに行きます
   ④ コーヒーを飲みに来ました
③ ① B   ② B
④ ① 図書館へ 本を 返しに 来ました
   ② パソコンを 直し に 来ました
   ③ 毎週 料理を 習い に 行きます
⑤ ① 2(3-1-★2-4)   ② 1(2-★1-4-3)

Day 45 일본어 여행하기

① ① って   ② んで
   ③ いて   ④ して
② ① つ   ② ぬ   ③ く   ④ ぐ
③ ① (X) ➡ 行って   ② (O)
   ③ (X) ➡ 飲んで
④ ① くつを脱いで入ります
   ② バスに乗って来ました
⑤ ① 1(3-2-★1-4)   ② 1(2-★1-3-4)

Day 46 일본어 여행하기

① ① B   ② D   ③ A   ④ C
② ① おぼえ ➡ (외우고, 외워서)
   ② おき ➡ (일어나고, 일어나서)
   ③ おしえ ➡ (가르치고, 가르쳐서)
   ④ き ➡ (오고, 와서)
③ ① (X) ➡ いて   ② (O)
   ③ (X) ➡ 教えて
④ ① 運動をして朝ご飯を食べます
   ② 会社に来て仕事をします
⑤ ① 1(2-4-★1-3)   ② 3(4-★3-2-1)

Day 47 일본어 여행하기

① ① B   ② C   ③ D   ④ A
② ① あっ ➡ (만나고, 만나서)
   ② およい ➡ (헤엄치고, 헤엄쳐서)
   ③ しん ➡ (죽고, 죽어서)
   ④ し ➡ (하고, 해서)

3 ① (X) ➡ 入って   ② (X) ➡ 切って
   ③ (O)
4 ① 紙を切ってはります
   ② 友だちを呼んでパーティーをしました
5 ① 2   ② 3

Day 48 일본어 여행하기

1 ① 見ている   ② 読んでいる
   ③ 聞いている   ④ している
2 ① 寝ています
   ② お金を払っています
   ③ ゲームをしています
   ④ ご飯を食べています
3 ① 肉を切っています
   ② 友だちと一緒にパーティーをしています
4 ① 毎朝 ジョギングを して いる
   ② 弟が 一人で 遊んで いる
   ③ 毎週 ホラー 映画を 見て います
5 ① 4(1-3-★4-2)   ② 1(3-★1-4-2)

Day 49 일본어 여행하기

1 ① 開いている   ② 閉まっている
   ③ 止まっている ④ 消えている
2 ① 開けてある ➡ 開けている
   ② 閉めてある ➡ 閉めている
   ③ 止めてある ➡ 止めている
   ④ 消してある ➡ 消している
3 ① いておき
   ② えておき
4 ① B   ② A

③ A
5 ① 1   ② 2

Day 50 일본어 여행하기

1 ① 買ってください   ② 呼んでください
   ③ 食べてください
2 ① 見せてくださいませんか
   ② 送ってくださいませんか
   ③ 開けてくださいませんか
3 ① ここでは くつを 脱いで ください
   ② 電話番号を 教えて ください ませんか
   ③ こちらに 来て ほしい です
4 ① 手伝ってほしいです
   ② 道を教えてほしいです
   ③ 調べてほしいです
   ④ にもつを運んでほしいです
5 ① 4(3-2-★4-1)   ② 1(2-★1-4-3)

Day 51 일본어 여행하기

1 ① B 들어가(오)다   ② A 앉다
   ③ B 사용하다   ④ B 세우다
2 ① ってもいい   ② ってもいい
   ③ めてもいい
3 ① A   ② B
4 ① 寝てはいけません
   ② マンガを読んではいけません
   ③ ケータイを使ってはいけません
   ④ 友だちと話してはいけません
5 ① 2   ② 3

정답

Day 52 일본어 여행하기

1. ① B ② D ③ C ④ A
2. ① んでみます
   ② ってみます
   ③ てみます
   ④ てみます
3. ① A ② A
4. ① こわしてしまう ➡ こわしてしまいました
   ② 忘れてしまう ➡ 忘れてしまいました
   ③ 読んでしまう ➡ 読んでしまいました
5. ① 3 ② 1

Day 53 일본어 여행하기

1. ① C ② A ③ B ④ D
2. ① っていく
   ② がっていく
   ③ ってくる
   ④ れてくる
3. ① A ② B
4. ① ペンと ノートを 持って きてください
   ② クッキーを 作って いきます
   ③ 急に 暑く なって きました
5. ① 3(2-1-★3-4) ② 1(4-★1-2-3)

Day 54 일본어 여행하기

1. ① か ② ら ③ ば ④ さ
2. ① 会わない ➡ 会わなかった
   ② 待たない ➡ 待たなかった
   ③ 死なない ➡ 死ななかった
   ④ 売らない ➡ 売らなかった
3. ① B ② B
4. ① 最近の 子どもは 本を 読まない
   ② 彼は レポート を 書かなかった
   ③ 週末には どこにも 行かなかった です
5. ① 4 ② 3

Day 55 일본어 여행하기

1. ① おしえる | 가르치다
   ② きる | 입다
   ③ ねる | 자다
   ④ おぼえる | 기억하다, 외우다
2. ① 見ない ➡ 見なかった
   ② 食べない ➡ 食べなかった
   ③ 起きない ➡ 起きなかった
   ④ いない ➡ いなかった
3. ① A ② B
4. ① うちの子はテレビを見ない
   ② 週末には早く起きない
   ③ 昨日は日本語の単語を一つも覚えなかった
5. ① 3 ② 4

Day 56 일본어 여행하기

1. ① し ② こ ③ しな ④ こな
2. ① B 사지 않다 ② A 쓰지 않다
   ③ A 보지 않다 ④ B 기다리지 않다
3. ① B ② B

④ ① 来ないです ➡ 来なかったです
　② 読まないです ➡ 読まなかったです
　③ 見ないです ➡ 見なかったです
⑤ ① 3　　② 3

Day 57 일본어 여행하기

① ① まないで　② れないで
　③ こないで
② ① 会わなくてもいい
　② 食べなくてもいい
　③ しなくてもいい
③ ① A　② B　③ A
④ ① 食べないでください
　② 泳がないでください
　③ 写真をとらないでください
　④ 入らないでください
⑤ ① 4　　② 3

Day 58 일본어 여행하기

① ① きなくては　② かなくては
　③ しなくては
② ① 返さなければなりません
　② 帰らなければなりません
　③ 来なければなりません
③ ① ここでは　日本語を　使わなくては　いけません
　② これから　宿題を　しなくては　いけません
　③ 10時に　出発　しなければ　なりません
④ ① くつを脱がなければなりません
　② ゴミを出さなければなりません

③ 掃除をしなければなりません
④ 学校にいかなければなりません
⑤ ① 4　　② 2

Day 59 일본어 여행하기

① ① B　② C　③ A　④ B
② ① あげ　② くれ
　③ もらい
③ ① が に くれました
　② が に くれました
　③ は に もらいました
④ ① A　② B　③ A
⑤ ① 1(2-3-★1-4)　② 4(2-★4-3-1)

Day 60 일본어 여행하기

① ① B 빌려주다　② A 고치다
　③ B 안내　④ A 보여주다
② ① は に て あげ
　② は に て あげ
　③ は に て あげ
③ ① が に を くれ
　② は に を くれ
　③ が に を くれ
④ ① もらい
　② は もらい
　③ に もらい
⑤ ① 1(2-3-★1-4)　② 3(4-★3-1-2)

MEMO

MEMO

진짜학습지

일본어 진짜학습지 첫걸음 부록

히라가나, 가타카나 쓰기

히라가나

| 히라가나 |　　あ행 / 아행

Date.　　.　　.

あ
아 [a]

い
이 [i]

う
우 [u]

え
에 [e]

お
오 [o]

| 히라가나 | か행 / 카행 | | | Date. . . |

か 카 [ka]

き 키 [ki]

く 쿠 [ku]

け 케 [ke]

こ 코 [ko]

I 히라가나 I   さ행 / 사행

Date.   .   .

さ 사 [sa]

し 시 [shi]

す 스 [su]

せ 세 [se]

そ 소 [so]

| 히라가나 | た행 / 타행 | Date. . . |

た 타[ta]

ち 치[chi]

つ 츠[tsu]

て 테[te]

と 토[to]

히라가나

| 히라가나 | な행 / 나행 | Date. . . |

な 나[na]

に 니[ni]

ぬ 누[nu]

ね 네[ne]

の 노[no]

| 히라가나 | は행 / 하행 | | Date. . . |

は
하 [ha]

ひ
히 [hi]

ふ
후 [fu]

へ
헤 [he]

ほ
호 [ho]

히라가나

| 히라가나 | ま행 / 마행 | Date. . . |

ま 마 [ma]

み 미 [mi]

む 무 [mu]

め 메 [me]

も 모 [mo]

| 히라가나 | や행 / 야행 | Date. . . |

や
야 [ya]

ゆ
유 [yu]

よ
요 [yo]

실력쑥쑥 헷갈리기 쉬운 글자 ①

き
키 [ki]

さ
사 [sa]

ぬ
누 [nu]

ね
네 [ne]

ま
마 [ma]

も
모 [mo]

ぬ
누 [nu]

め
메 [me]

히라가나

| 히라가나 | ら행 / 라행 | Date. . . |

ら 라 [ra]

り 리 [ri]

る 루 [ru]

れ 레 [re]

ろ 로 [ro]

히라가나 わ행 / 와행

Date.   .   .

わ 와 [wa]

を 오 [o]

ん 응 [N]

실력쑥쑥 헷갈리기 쉬운 글자 ②

い 이 [i]
り 리 [ri]
は 하 [ha]
ほ 호 [ho]

ね 네 [ne]
れ 레 [re]
る 루 [ru]
ろ 로 [ro]

가타카나

| 가타카나 | ア행 / 아행 | Date. . . |

ア 아[a]

イ 이[i]

ウ 우[u]

エ 에[e]

オ 오[o]

| 가타카나 |

カ행 / 카행

Date.   .   .

カ 카 [ka]

キ 키 [ki]

ク 쿠 [ku]

ケ 케 [ke]

コ 코 [ko]

가타카나

| 가타카나 | サ행 / 사행 | Date. . . |

サ 사 [sa]

シ 시 [shi]

ス 스 [su]

セ 세 [se]

ソ 소 [so]

| 가타카나 | タ행 / 타행 | | | Date. . . |

タ
타 [ta]

チ
치 [chi]

ツ
츠 [tsu]

テ
테 [te]

ト
토 [to]

가타카나

| 가타카나 | ナ행 / 나행 | Date. . . |

ナ 나[na]

ニ 니[ni]

ヌ 누[nu]

ネ 네[ne]

ノ 노[no]

| 가타카나 | ハ행 / 하행

Date.   .   .

ハ 하 [ha]

ヒ 히 [hi]

フ 후 [fu]

ヘ 헤 [he]

ホ 호 [ho]

가타카나

| 가타카나 | マ행 / 마행 | Date. . . |

마 [ma]

미 [mi]

무 [mu]

메 [me]

모 [mo]

| 가타카나 | ヤ행 / 야행

Date.   .   .

ヤ 야 [ya]

ユ 유 [yu]

ヨ 요 [yo]

실력쑥쑥 헷갈리기 쉬운 글자 ③

| ア 아 [a] |
| マ 마 [ma] |
| ク 쿠 [ku] |
| タ 타 [ta] |

| キ 키 [ki] |
| チ 치 [chi] |
| シ 시 [shi] |
| ツ 츠 [tsu] |

가타카나

| 가타카나 | ラ행 / 라행 | Date. . .

ラ 라 [ra]

リ 리 [ri]

ル 루 [ru]

レ 레 [re]

ロ 로 [ro]

| 가타카나 | ワ행 / 와행

Date. . .

ワ 와 [wa]

ヲ 오 [o]

ン 응 [N]

실력쑥쑥 헷갈리기 쉬운 글자 ④

チ 치 [chi]

テ 테 [te]

ソ 소 [so]

ン 응 [N]

ウ 우 [u]

ワ 와 [wa]

フ 후 [fu]

ラ 라 [ra]

탁음

| 히라가나 | が행 / 가행 | Date. . . |

が
가 [ga]

ぎ
기 [gi]

ぐ
구 [gu]

げ
게 [ge]

ご
고 [go]

| 가타카나 | ガ행 / 가행

Date. . .

ガ 가 [ga]

ギ 기 [gi]

グ 구 [gu]

ゲ 게 [ge]

ゴ 고 [go]

탁음

| 히라가나 | ざ행 / 자행 | Date. . . |

자 [za]

지 [ji]

즈 [zu]

제 [ze]

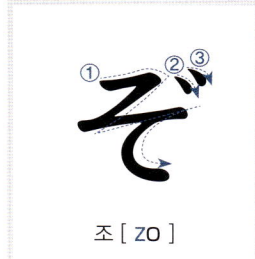

조 [zo]

| 가타카나 | ザ행 / 자행 |

ザ 자 [za]

ジ 지 [ji]

ズ 즈 [zu]

ゼ 제 [ze]

ゾ 조 [zo]

탁음

| 히라가나 | だ행 / 다행

だ 다 [da]

ぢ 지 [ji]

づ 즈 [zu]

で 데 [de]

ど 도 [do]

가타카나

ダ행 / 다행

Date. . .

ダ 다 [da]

ヂ 지 [ji]

ヅ 즈 [zu]

デ 데 [de]

ド 도 [do]

 탁음

히라가나 　　ば행 / 바행　　Date.　.　.

ば 바 [ba]

び 비 [bi]

ぶ 부 [bu]

べ 베 [be]

ぼ 보 [bo]

| 가타카나 | バ행 / 바행 | | | Date. . . |

バ 바 [ba]

ビ 비 [bi]

ブ 부 [bu]

ベ 베 [be]

ボ 보 [bo]

반탁음

| 히라가나 | ぱ행 / 파행 | Date. . . |

ぱ 파 [pa]

ぴ 피 [pi]

ぷ 푸 [pu]

ぺ 페 [pe]

ぽ 포 [po]

| 가타카나 | パ행 / 파행

Date.   .   .

パ 파 [pa]

ピ 피 [pi]

プ 푸 [pu]

ペ 페 [pe]

ポ 포 [po]

요음

| 히라가나 | きゃ 행 / 캬행

きゃ	きゅ	きょ
캬 [kya]	큐 [kyu]	쿄 [kyo]

| 히라가나 | ぎゃ 행 / 갸행

ぎゃ	ぎゅ	ぎょ
갸 [gya]	규 [gyu]	교 [gyo]

| 히라가나 | しゃ 행 / 샤행

しゃ	しゅ	しょ
샤 [sha]	슈 [shu]	쇼 [sho]

| 가타카나 |　キャ 행 / 캬행

キャ	キュ	キョ
캬 [kya]	큐 [kyu]	쿄 [kyo]

| 가타카나 |　ギャ 행 / 갸행

ギャ	ギュ	ギョ
갸 [gya]	규 [gyu]	교 [gyo]

| 가타카나 |　シャ 행 / 샤행

シャ	シュ	ショ
샤 [sha]	슈 [shu]	쇼 [sho]

요음

| 히라가나 | じゃ 행 / 쟈행 |

じゃ	じゅ	じょ
쟈 [ja]	쥬 [ju]	죠 [jo]

| 히라가나 | ちゃ 행 / 챠행 |

ちゃ	ちゅ	ちょ
챠 [cha]	츄 [chu]	쵸 [cho]

| 히라가나 | にゃ 행 / 냐행 |

にゃ	にゅ	にょ
냐 [nya]	뉴 [nyu]	뇨 [nyo]

| 가타카나 | ジャ행 / 자행

ジャ
쟈 [ja]

ジュ
쥬 [ju]

ジョ
죠 [jo]

| 가타카나 | チャ행 / 챠행

チャ
챠 [cha]

チュ
츄 [chu]

チョ
쵸 [cho]

| 가타카나 | ニャ행 / 냐행

ニャ
냐 [nya]

ニュ
뉴 [nyu]

ニョ
뇨 [nyo]

요음

| 히라가나 | ひゃ행 / 햐행 |

Date. . .

ひゃ	ひゅ	ひょ
햐 [hya]	휴 [hyu]	효 [hyo]
ひゃ	ひゅ	ひょ

| 히라가나 | びゃ행 / 뱌행 |

びゃ	びゅ	びょ
뱌 [bya]	뷰 [byu]	뵤 [byo]
びゃ	びゅ	びょ

| 히라가나 | ぴゃ행 / 퍄행 |

ぴゃ	ぴゅ	ぴょ
퍄 [pya]	퓨 [pyu]	표 [pyo]
ぴゃ	ぴゅ	ぴょ

| 가타카나 | ヒャ행 / 햐행 | Date. . . |

ヒャ행 / 햐행

ヒャ	ヒュ	ヒョ
햐 [hya]	휴 [hyu]	효 [hyo]

ビャ행 / 뱌행

ビャ	ビュ	ビョ
뱌 [bya]	뷰 [byu]	뵤 [byo]

ピャ행 / 퍄행

ピャ	ピュ	ピョ
퍄 [pya]	퓨 [pyu]	표 [pyo]

요음

| 히라가나 | みゃ 행 / 먀행

Date. . .

みゃ	みゅ	みょ
먀 [mya]	뮤 [myu]	묘 [myo]

| 히라가나 | りゃ 행 / 랴행

りゃ	りゅ	りょ
랴 [rya]	류 [ryu]	료 [ryo]

| 가타카나 | ミャ행 / 먀행

ミャ	ミュ	ミョ
먀 [mya]	뮤 [myu]	묘 [myo]

| 가타카나 | リャ행 / 랴행

リャ	リュ	リョ
랴 [rya]	류 [ryu]	료 [ryo]

히라가나

	あ행 [a]	か행 [k]	さ행 [s/sh]	た행 [t/ch/ts]	な행 [n]
あ단 [a]	あ [a]	か [ka]	さ [sa]	た [ta]	な [na]
い단 [i]	い [i]	き [ki]	し [shi]	ち [chi]	に [ni]
う단 [u]	う [u]	く [ku]	す [su]	つ [tsu]	ぬ [nu]
え단 [e]	え [e]	け [ke]	せ [se]	て [te]	ね [ne]
お단 [o]	お [o]	こ [ko]	そ [so]	と [to]	の [no]

は행 [h/f]	ま행 [m]	や행 [y]	ら행 [r]	わ행 [w]	ん [N]
は [ha]	ま [ma]	や [ya]	ら [ra]	わ [wa]	ん [N]
ひ [hi]	み [mi]		り [ri]		
ふ [fu]	む [mu]	ゆ [yu]	る [ru]		
へ [he]	め [me]		れ [re]		
ほ [ho]	も [mo]	よ [yo]	ろ [ro]	を [o]	

가타카나

Date.   .   .

	ア행 [a]	カ행 [k]	サ행 [s/sh]	タ행 [t/ch/ts]	ナ행 [n]
ア단 [a]	ア [a]	カ [ka]	サ [sa]	タ [ta]	ナ [na]
イ단 [i]	イ [i]	キ [ki]	シ [shi]	チ [chi]	ニ [ni]
ウ단 [u]	ウ [u]	ク [ku]	ス [su]	ツ [tsu]	ヌ [nu]
エ단 [e]	エ [e]	ケ [ke]	セ [se]	テ [te]	ネ [ne]
オ단 [o]	オ [o]	コ [ko]	ソ [so]	ト [to]	ノ [no]

ハ 행 [h/f]	マ 행 [m]	ヤ 행 [y]	ラ 행 [r]	ワ 행 [w]	ン [N]
ハ [ha]	マ [ma]	ヤ [ya]	ラ [ra]	ワ [wa]	ン [N]
ヒ [hi]	ミ [mi]		リ [ri]		
フ [fu]	ム [mu]	ユ [yu]	ル [ru]		
ヘ [he]	メ [me]		レ [re]		
ホ [ho]	モ [mo]	ヨ [yo]	ロ [ro]	ヲ [o]	

진짜학습지

일본어 진짜학습지 첫걸음 부록

일본어능력시험
JLPT N5 모의테스트

일본어 진짜학습지 첫걸음 부록 JLPT N5 언어지식 모의테스트

> 일본어 진짜학습지 모의테스트는 실제 기출된 어휘를 가지고 재구성한 문제입니다.
> 문제 옆 동그라미 숫자 ㉒㉑은 기출 연도를 말해요.
> 시험 보기 전 꼭 점검해 보세요~!

■ 언어지식 (문자·어휘·문법)

과목	문제유형	문항 X 배점	점수
문자·어휘	문제 1 한자읽기	7문 x 1점	7
	문제 2 표기	5문 x 1점	5
	문제 3 문맥규정	6문 x 2점	12
	문제 4 유의표현	3문 x 2점	6
문법	문제 1 문법형식 판단	9문 x 1점	9
	문제 2 문장만들기	4문 x 2점	8
	문제 3 글의 문법	4문 x 2점	8
	합계		55점

★득점환산법(60점 만점): [득점] ÷ 55 x 60 = [   ]점

※위의 배점표는 언어지식만 산출하여 작성한 것이며, 실제 시험과는 오차가 생길 수 있습니다.

Language Knowledge(Vocabulary)　　　　　　　　　　　もんだいようし

N5
げんごちしき（もじ・ごい）
（20ぷん）

ちゅうい
Notes

1. しけんが　はじまるまで、この　もんだいようしを　あけないで　ください。
   Do not open this question booklet until the test begins.

2. この　もんだいようしを　もって　かえる　ことは　できません。
   Do not take this question booklet with you after the test.

3. じゅけんばんごうと　なまえを　したの　らんに、じゅけんひょうと
   おなじように　かいて　ください。
   Write your examinee registration number and name clearly in each box below as written on your test voucher.

4. この　もんだいようしは、ぜんぶで　5ページ　あります。
   This question booklet has 5 pages.

5. もんだいには　かいとうばんごうの　1、2、3…が　ついて　います。
   かいとうは、かいとうようしに　ある　おなじ　ばんごうの　ところに
   マークして　ください。
   One of the row numbers 1, 2, 3 … is given for each question. Mark your answer in the same row of the answer sheet.

じゅけんばんごう　Examinee Registration Number	

なまえ　Name	

もんだい１　＿＿＿＿の　ことばは　ひらがなで　どう　かきますか。
１・２・３・４から　いちばん　いい　ものを　ひとつ　えらんで　ください。

（れい）　かばんは　つくえの　下に　あります。
1　ちた　　2　した　　3　ちだ　　4　しだ

(かいとうようし)

(例(れい))	① ● ③ ④

1　もりさんは　友(とも)だちが　少ないです。⑰

1　すこない　　2　すくない　　3　すかない　　4　すけない

2　あそこに　いる　女の人は　やまださんです。㉒

1　おんなのこ　　2　おんなのひと　　3　おとこのこ　　4　おとこのひと

3　本(ほん)を　出して　ください。㉑ ㉒ ㉓ ㉔

1　でして　　2　てして　　3　だして　　4　たして

4　あしたは　木よう日です。⑰ ㉒ ㉓

1　かようび　　2　すいようび　　3　どようび　　4　もくようび

5　わたしは　きのう　すずきさんに　会いました。⑪⑰㉑㉒
　　1　かいました　　2　ならいました　　3　つかいました　　4　あいました

6　毎日　ジョギングを　します。⑰
　　1　まいつき　　2　めいにち　　3　まいにち　　4　めいつき

7　この　かばんは　高いですね。⑬⑮⑯⑰㉒
　　1　やすい　　2　かるい　　3　たかい　　4　おもい

もんだい2 ＿＿＿＿ の ことばは どう かきますか。
1・2・3・4から いちばん いい ものを ひとつ えらんで ください。

（れい） わたしの へやには ほんが おおいです。
　　　　1　山　　　　2　川　　　　3　花　　　　4　本

（かいとうようし）　（例）　①　②　③　●

8　コンビニは ゆうびんきょくの みぎに あります。
　　1　右　　　　2　左　　　　3　存　　　　4　在

9　きのうから めが いたくて びょういんへ いきました。
　　1　耳　　　　2　頭　　　　3　目　　　　4　口

10　あたらしい くつを かいました。
　　1　見いした　　2　買いました　　3　員いました　　4　貝いました

11　わたしは まいにち しんぶんを よみます。
　　1　新分　　2　新聞　　3　新門　　4　新文

12　さとうさんは にもつが おおいですね。
　　1　犬い　　2　大い　　3　多い　　4　太い

もんだい3　（　　　）に　なにが　はいりますか。
　　　　　1・2・3・4から　いちばん　いい　ものを　ひとつ　えらんで　ください。

（れい）　あそこで　バスに（　　）。
　　　1　あがりました　　　　　　2　のりました
　　　3　つきました　　　　　　　4　はいりました

（かいとうようし）　（例）　① ● ③ ④

13　わたしは　うたが（　　　）で、うたいたく　ありません。
　　1　じょうず　　2　へた　　3　すき　　4　しずか

14　あさから（　　　）が　ふりました。
　　1　くもり　　2　てんき　　3　はれ　　4　あめ

15　この　かばんは（　　　）です。
　　1　じょうず　　2　にぎやか　　3　じょうぶ　　4　たいへん

16　さんぽの　ときは　いつも　この　くつを（　　　）。
　　1　はきます　　2　つけます　　3　かけます　　4　かぶります

17　へやが　あつくて（　　　）を　つけました。
　　1　シャワー　　2　エアコン　　3　ドア　　4　アイス

18　かいしゃは　えきから（　　　）です。
　　1　すくない　　2　あかるい　　3　ちかい　　4　ひろい

もんだい4 ＿＿＿＿の ぶんと だいたい おなじ いみの ぶんが あります。
　　　　　1・2・3・4から いちばん いい ものを ひとつ えらんで ください。

(れい)　けさ しゅくだいを しました。
　　1　おとといの あさ しゅくだいを しました。
　　2　おとといの よる しゅくだいを しました。
　　3　きょうの あさ しゅくだいを しました。
　　4　きょうの よる しゅくだいを しました。

(かいとうようし)　(例) ① ② ● ④

19　いもうとは どうぶつが すきです。 ㉒
　　1　いもうとは コーヒーや おちゃが すきです。
　　2　いもうとは りんごや バナナが すきです。
　　3　いもうとは ゴルフや テニスが すきです。
　　4　いもうとは ねこや いぬが すきです。

20　となりの へやは うるさいです。 ⑱ ㉒
　　1　となりの へやは しずかです。
　　2　となりの へやは しずかじゃ ありません。
　　3　となりの へやは きれいです。
　　4　となりの へやは きれいじゃ ありません。

21　もりさんは やまださんに カメラを かしました。 ⑯
　　1　もりさんは やまださんに カメラを もらいました。
　　2　やまださんは もりさんに カメラを もらいました。
　　3　もりさんは やまださんに カメラを かりました。
　　4　やまださんは もりさんに カメラを かりました。

Language Knowledge(Grammar)

問題用紙

N5

言語知識 (文法)
(20ぷん)

注　意
Notes

1. 試験が始まるまで、この問題用紙をあけないでください。
   Do not open this question booklet until the test begins.

2. この問題用紙を持って帰ることはできません。
   Do not take this question booklet with you after the test.

3. 受験番号となまえをしたの欄に、受験票と同じようにかいてください。
   Write your examinee registration number and name clearly in each box below as written on your test voucher.

4. この問題用紙は、全部で6ページあります。
   This question booklet has 6 pages.

5. 問題には解答番号の ①、②、③ … があります。
   回答は、解答用紙にあるおなじ番号のところにマークしてください。
   One of the row numbers ①, ②, ③ … is given for each question. Mark your answer in the same row of the answer sheet.

受験番号　Examinee Registration Number	

なまえ　Name	

もんだい1　（　　　）に　何を　入れますか。
　　　　　1・2・3・4から　いちばん　いい　ものを　一つ　えらんで　ください。

(れい)　これ（　　　）ざっしです。
　　　　1　に　　　　2　を　　　　3　は　　　　4　や

(かいとうようし)　　| (例) | ① ② ● ④ |

1　くだもの（　　　）食べたいです。
　　1　で　　　　2　は　　　　3　に　　　　4　が

2　私は　毎朝　会社（　　　）20分　歩きます。
　　1　が　　　　2　まで　　　3　と　　　　4　から

3　父は　母（　　　）プレゼントを　あげました。
　　1　へ　　　　2　に　　　　3　の　　　　4　が

4　山田さんは　今（　　　）中です。
　　1　会議　　　2　会議の　　　3　会議する　　　4　会議した

5　(レストランで)
　A「何を　食べましょうか。」
　B「魚は　好きですか。（　　　）は　魚の　りょうりが　おいしいですよ。」
　　1　どちら　　　2　あの　　　3　ここ　　　4　その

6 私は（　　　）とき、ケーキや　クッキーを　作ります。
　1　ひま　　　　2　ひまな　　　　3　ひまで　　　　4　ひまだ

7 父は　毎日　朝ごはんを　食べ（　　　）本を　読みます。
　1　中　　　　2　前　　　　3　ながら　　　　4　から

8 森　「日曜日に、私の　家で　すずきさんと　映画を　みます。
　　　　キムさんも（　　　）。」
　キム「あ、行きたいです。」
　1　来ませんか　　　　　　　2　来て　いますか
　3　来ましょうか　　　　　　4　来ませんでしたか

9 きのう　父が　私に　パソコンを（　　　）。うれしかったです。
　1　あげました　　　　　　　2　くれました
　3　やりました　　　　　　　4　もらいました

もんだい2 ＿＿★＿＿に 入る ものは どれですか。
1・2・3・4から いちばん いい ものを 一つ えらんで ください。

(もんだいれい)

　　あの＿＿＿＿ ＿＿＿＿ ★＿＿ ＿＿＿＿ですか。

1　くるま　　　2　の　　　　3　だれ　　　4　は

(こたえかた)

1. ただしい 文を つくります。

　　あの＿＿＿＿ ＿＿＿＿ ★＿＿ ＿＿＿＿ですか。
　　　　1 くるま　4 は　3 だれ　2 の

2. ＿＿★＿＿に 入る ばんごうを くろく ぬります。

　　（かいとうようし）　| れい | ① ② ● ④ |

10　そこに ＿＿＿＿ ★＿＿ ＿＿＿＿ です。⑱

　　1　ある　　　2　林さんの　　　3　は　　　4　カメラ

11　すずきさんに きのうの パーティー ＿＿＿＿ ＿＿＿＿ ★＿＿ ＿＿＿＿ もらいました。⑰

　　1　を　　　　2　で　　　　3　とった　　　4　しゃしん

12 きのうの ＿＿＿ ＿＿＿ ★ ＿＿＿ 行きました。⑲
　1　おいしい　　2　みせに　　3　デザートが　　4　昼ご飯は

13　A「あのう、＿＿＿ ＿＿＿ ★ ＿＿＿ ありませんか。」
　　B「あ、こちらは　いかがですか。」㉒
　1　スマホは　　2　明るい　　3　色が　　4　大きくて

もんだい3 　14　から　17　に 何を 入れますか。ぶんしょうの いみを かんがえて
　　　　　　1・2・3・4から いちばん いいものを 一つ えらんで ください。

ジョンさんと エイミーさんは 「夏休みに した こと」の さくぶんを 書いて、クラスの みんなの 前で 読みます。

(1)　ジョンさんの　さくぶん

私は 夏休み、家族と 京都へ 行きました。京都で、お寺を 見て、買い物を しました。日本の お寺は はじめて 行きました。とても 　14　。それから 私は 買い物が 大好きで、お寺の 近くの デパートで 買い物を しました。デパートの カフェで ジュースを 　15　 家族と たくさん 話しました。とても 楽しい 旅行でした。

(2)　エイミーさんの　さくぶん

夏休みに 日本人の 友だちと まつりに 行きました。まつりには 大好きな たこやきと やきそばの 店も あって、うれしかったです。夜は 川で はなびが ありました。人が たくさん いて 　16　。日本の まつりは 私の 国の まつりより おもしろかったです。今度 また 　17　。

| 14 | 1 | 楽しいです | 2 | 楽しかったです |
| | 3 | 楽しくないです | 4 | 楽しくなかったです |

| 15 | 1 | 飲みやすい | 2 | 飲みにくい |
| | 3 | 飲みながら | 4 | 飲んでしまう |

| 16 | 1 | 大変です | 2 | 大変でした |
| | 3 | 大変になりました | 4 | 大変にしました |

| 17 | 1 | 帰ってきます | 2 | 行ってきます |
| | 3 | 帰ってみたいです | 4 | 行ってみたいです |

일본어 진짜학습지 첫걸음 부록
JLPT N5 언어지식 모의테스트 정답표

✈ 언어지식(문자·어휘)

문제1

1	2	3	4	5	6	7
2	2	3	4	4	3	3

문제2

8	9	10	11	12
1	3	2	2	3

문제3

13	14	15	16	17	18
2	4	3	1	2	3

문제4

19	20	21
4	2	4

✈ 언어지식(문법)

문제1

1	2	3	4	5	6	7	8	9
4	2	2	1	3	2	3	1	2

문제2

10	11	12	13
4	4	1	2

문제3

14	15	16	17
2	3	2	4

MEMO

MEMO

MEMO

진짜학습지